老板纳税筹划一本通

陈光｜著

金城出版社
GOLD WALL PRESS
中国·北京

图书在版编目（CIP）数据

老板纳税筹划一本通 / 陈光著. —北京：金城出版社有限公司，2022.10
ISBN 978-7-5155-2357-6

Ⅰ. ①老… Ⅱ. ①陈… Ⅲ. ①税收筹划
Ⅳ. ①F810.423

中国版本图书馆CIP数据核字（2022）第094267号

老板纳税筹划一本通
LAOBAN NASHUICHOUHUA YIBENTONG

著　　者　陈　光
责任编辑　岳　伟　高　虹
责任校对　许　姗
责任印制　李仕杰
开　　本　880毫米×1230毫米　1/32
印　　张　10.25
字　　数　194千字
版　　次　2022年10月第1版
印　　次　2022年10月第1次印刷
印　　刷　天津旭丰源印刷有限公司
书　　号　ISBN 978-7-5155-2357-6
定　　价　58.00元

出版发行　金城出版社有限公司 北京市朝阳区利泽东二路 3 号 邮编：100102
发 行 部　（010）84254364
编 辑 部　（010）64391966
总 编 室　（010）64228516
网　　址　http://www.jccb.com.cn
电子邮箱　jinchengchuban@163.com
法律顾问　北京市安理律师事务所 18911105819

前言

在企业经营管理中，你是否遇到过以下这些问题？

“今年公司业务还不错，本以为赚了些钱，但今天跟财务代账人员沟通时才发现，原来税收成本这么高，扣除相关税收后根本没赚多少，有什么合法的节税方式吗？”

“听说，国家出台免交增值税的政策了，我们的企业可以免税吗？”

“我开了一家建筑公司，在经营中需长期与农民工打交道，人员流动性很大，只能给他们支付劳务费，但是却无法从他们手中取得发票进行抵扣，导致我的利润虚高，该怎么办？”

“听说现在税务部门对于企业税务稽查很严，漏税也会被罚，企业经营中最常见的漏税风险有哪些？”

……

上述只是众多问题中的少数典型问题，如果将我这些年来被咨询过的每一个税务问题都记载下来，恐怕几页纸都无法写完。由此可见，税务问题已然成了企业经营管理中的“家常便饭”，而与之相对应的解决办法——纳税筹划则越来越受到企业经营者的重视。

作为企业老板，我更加深刻地认识到经营者掌握纳税筹划的重要性：税收支出是企业成本的重要组成部分，在收入一定的前提下，通过纳税筹划减轻企业税负，是实现企业经济最大化的重要途径。若自身完全不懂纳税筹划知识，一味地依靠财务人员，很可能会造成企业战略规划上的偏差、管理上的漏洞，甚至会引发税务风险，最终不利于企业的发展。

很多老板尽管非常迫切地需要掌握纳税筹划及相关知识，但大多数老板却苦于无法获取系统、专业、简单且实用的指导。其主要原因是：税法知识体系庞杂，专业性强，而市场上有关纳税筹划的书籍大多侧重于知识体系构建，语言晦涩难懂。这让那些老板望而却步，无从下手。即便能沉下心来学习，有些老板也常常因为没有相关的税务基础知识而无法吃透筹划方法，止步不前。

基于以上情况，我萌生了编写本书的念头。本书结合我多年来的纳税筹划实操经验，旨在用最浅显易懂的语言，传授最专业实用的知识，让财税零基础的老板快速成为纳税筹划高手，同时知晓企业在经营中可能面临的税务风险，从而加强企业风险管理。本书具备以下特色。

1. 语言生动，图表结合。本书从老板角度出发，一改生硬的专业语言表述，实实在在地排解老板对于专业税收理论的畏难情绪，利用图表来解释相关知识，让专业的知识更直观形象，增加内容的可读性，达到老板愿读且易于理解的效果。

2. 思路清晰，案例丰富。本书将企业经营中涉及的各大税种独立拆分，采用丰富的实例逐一攻破各纳税筹划难点，解锁晦涩难懂的理论知识，让老板能更加系统、深刻地掌握纳税筹划知识，活学活用。

3. 合法合规，与时俱进。纳税筹划是在合法合规的前提下，通过企业智慧降低企业税负的行为。本书在开篇第 1 章便介绍了纳税筹划的基本原则 —— 合法性原则，同时在第 7 章介绍了企业常见的税务风险及防范原则，让老板在享受纳税筹划带来好处的同时，提升税务风险管理意识，这也体现了合法合规原则。其次，本书提供的税收筹划思路均以国家新近颁布的相关政策及税收法规为依据，可操作性强。

本书从常识入手，用案例说话，分析专业，概括精准，图文简洁，一看就懂，一学就会，一用就灵，帮助老板搞懂财税知识，掌握税务管理的诀窍和技巧，轻松、合理、合法地做好税务筹划，最终使得企业做到不偷税，不漏税，坚决不纳冤枉税。

目录

第 2 章　税收新政知多少

第 3 章 更新换代有点儿快：增值税纳税筹划

第 4 章　守住利润，才是关键：企业所得税纳税筹划

第7章 你必须知道的“税务风险点”

第 9 章　不同企业形式，纳税差别这么大

第 1 章
一分钟了解纳税筹划

大多数老板对于纳税筹划的认识往往只停留在“节税”的浅层，并没有一个完整、清晰的认知。究竟什么是纳税筹划？本章将从纳税筹划的起源、筹划中必须遵循的原则以及节税形式三个方面，为你解读相关知识。

1.1 纳税有道，节费有望

“纳税筹划”最先起源于西方的“税务”专家为纳税人提供税务咨询的活动，其目的是要帮助纳税人获取最优的经济利益。现代纳税筹划，其初衷仍未发生改变，是以法律为依据，通过运用相关税收知识，达到减少企业税负、提高企业经营水平的目的。

1.1.1 纳税筹划的“前世今生”

谈及纳税筹划的发展，必然少不了历史上三个重要的事件，它们共同推动了纳税筹划的发展。

纳税筹划最早起源于 19 世纪中期的意大利，在那个时候，意大利的税务咨询业务已经存在税收筹划行为。但纳税筹划第一次得到社会的普遍关注和法律上的认可，则需追溯到 20 世纪 30 年代英国纳税筹划的标志性案件——“税务局局长诉温斯特大公”一案。

参与该案庭审的上议院议员汤姆林爵士发言说：“任何一个人

都有权安排自己的事业，如果依据法律所做的某些安排可以少缴税，那就不用强迫他多缴税收。”汤姆林爵士对该案件中的当事人依据法律达到少缴税款的行为做出了肯定，同时也赢得了法律界的普遍认同，由此税务筹划第一次得到了法律上的认可。该案例也成为各国经常引用的原则精神。

而后，美国法官汉德在1947年对一宗税务案件做出的判词成为美国税务筹划的法律基石。其原文大意为：“法院一直认为，人们安排自己的活动，以达到降低税负的目的是不可指责的。每个人都可以这样做，不论他是富人还是穷人，而且这样做是完全正当的，因为他无须超过法律的规定承担国家的税收。税收是强制课征而不是无偿捐献，以道德的名义要求税收纯粹是奢谈。”

1959年，欧洲税务联合会在法国巴黎成立，明确提出“为纳税人开展税务筹划”是其主要内容。

相较于西方国家，我国的纳税筹划开始得比较晚，在21世纪后才逐步开展起来，人们日渐认识到纳税筹划的重要意义，纳税筹划已然成为税务管理的一门智慧、商业经营的一门艺术。在当代企业经营管理中，纳税筹划已日渐成为重要内容。

1.1.2 企业为何要做纳税筹划

企业为何都要做纳税筹划？其实，大多数人包括老板对于企业纳税筹划的作用认知还停留在“节税”的表层，而纳税筹划对于企业经营管理的重要意义远远不止于此。正确地认识纳税筹划在企业经营管理中的作用，能更好地指导企业纳税筹划的发展，让纳税筹划发挥其最大效果。

纳税筹划在企业经营管理中的作用主要体现在以下四个方面。

1. 减少企业赋税

减少企业赋税，是企业进行纳税筹划的主要目的。企业通过纳税筹划能够规避纳税人无须支出的成本，最大限度地利用相关政策或用最优的方案达到减少企业税负，实现企业利润最大化的目的。

2. 提高企业的经营管理水平

企业通过纳税筹划能够加强自身财务税务的管理。纳税筹划需要灵活掌握财务、税务及相关知识，因此能更好地指导、规范企业的财务、税务行为，从而提高企业的经营管理水平。

3. 减少企业的税务风险

纳税筹划能帮助企业减少税务风险。开展纳税筹划需要掌握最新的税法及相关法律政策，明确税法规定及法律红线，提高企业税务风险的防范意识，进而加强相关管理，避免不合法、不合规或管理不当而造成的偷税、漏税的风险。

4. 赢得社会形象

偷税、漏税属于违法行为，不但不能减少企业赋税，还会面临经济惩罚及刑事责任，且有损企业信誉及形象。而企业通过纳税筹划，不仅能享受纳税筹划带来的减税好处，还能树立良好的企业形象。

1.1.3 老板纳税筹划面临的四大难题

纳税筹划之所以能被归结为商业管理中的一门艺术，与其在企业经营管理中的重要作用分不开——它能够用智慧，在合法合理的前提下，解决企业发展中众多的税务难题，因此被老板们奉为圭臬，但也由此让“纳税筹划”产生了一种神秘的色彩。

纳税筹划虽然被老板所追捧，但在企业实际运用中也面临着以下难题。

难题一：完全不懂财务知识与税务知识

大多数老板对于纳税筹划都处于这样一个状态——心中无比向往，却又不敢靠近。在激烈的竞争环境中，老板都想通过纳税筹划在现实企业经营管理中达到赋税成本最低化与企业利润最大化的效果，但由于其涉及的财务、税务知识本身具备的专业性，常常让老板望而却步。

难题二：信息闭塞，不知道相关税收政策

相关信息闭塞，对于政策信息不理解，也是阻碍老板开展纳税筹划的重要因素。税收政策是纳税筹划的前提和依据，而老板却不知道该从何种渠道获取相关信息，通常都只是听财务人员或媒体泛泛而谈，就更别谈对于政策的深度解读与理解。

难题三：自己不懂，担心有违法风险

涉税风险，是老板在纳税筹划中最为担忧的一个问题——自己不懂，又担心企业财务人员专业度不够，若是筹划不当，不但不能达到节税的效果，甚至还可能让企业陷入违法的境地，得不偿失。

难题四：对纳税筹划没有正确认知

在现实企业经营中，大多数老板对于纳税筹划的认识仅仅停留在节税的表层，没有一个正确认知，因而在实际税务处理中，缺乏全局意识，常常以简单、粗暴的方式直达节税的目的，使筹划方式不具备可行性，最终无法落地或顾此失彼。更有甚者甚至违背了纳税筹划的合法合规原则，从而出现了偷税、漏税的行为，最终承担了巨大的责任与损失。

因此，老板形成正确的认知，遵循纳税筹划中的原则，了解掌握企业纳税筹划的基本形式是企业有序开展纳税筹划的关键。

【税筹实战练习】

你认为当前税务筹划中面临的困境是什么？请结合自己的经历谈一谈。

1.2 老板必知必会的纳税筹划原则

纳税筹划并不等于筹划人员的恣意妄为、天马行空，也不是不顾全局、忽视整体，更不是“临时抱佛脚”，纳税筹划中也存在相关原则。

讨论或开展纳税筹划，首先应该弄清纳税筹划的原则性问题，否则不但达不到效果，还可能会违法。纳税筹划中的原则，即合法性原则、筹划性原则、减税性原则、整体性原则。

1.2.1 合法性原则

合法性原则，指纳税筹划必须在税法法律允许的范围内进行，须遵守法律，不能违反法律。合法性原则是一切纳税筹划开展的前提，是企业进行纳税筹划需遵循的最基本的原则也是最重要的原则之一。

合法性原则是纳税筹划与偷税行为最本质的区别。企业若只从利益出发，违背合法性原则，那么纳税筹划就变成了偷税行为，如此一来就会面临补交税款、缴纳滞纳金和罚金、承担相应的法律责任等问题，这样往往违背了纳税筹划的初衷。

例如，2019 年 3 月 4 日，湖北省经济技术开发区人民法院对一家企业的法人进行了判决，企业老板黄某因涉嫌逃税罪，被判处 3 年有期徒刑，缓刑 5 年，补交税款 188 万元，罚款 20 万元。据悉这位黄姓老板因为企业每年收入大，所缴的税额高，故将公司的收入转入私人账户来进行避税，最终在税务部门的稽查活动中被发现。

不仅如此，黄某在企业经营中还存在很多不合法的避税行为，最终为此付出了惨痛的代价。这为企业筹划人员敲响了警钟——纳税筹划必须合法。

1.2.2 筹划性原则

俗话说，“凡事预则立，不预则废”。由于纳税行为具有滞后性，因此纳税筹划必须事先规划、设计、安排。企业的经营活动一经发生，那么企业的纳税义务也随之产生。若老板在经营活动发生后才觉得企业赋税重，想通过筹划来达到减税的目的，则于事无补。

不注重纳税筹划的筹划性原则是大多数企业产生偷税、漏税行为的主要原因。企业在经营活动发生后，进行所谓的纳税筹划，改变原有单证，如业务发生时间、地点、计价等，或通过编制虚假业务、虚开发票等，由此便走上了违法之路。

例如，“海啸一号”特大虚开发票的案例。深圳的企业虚开发票超过 500 亿，658 家企业被查处。其中该案涉及的是出口企业在采购环节中未取得发票，最后发现账面利润虚高，企业赋税较重。由此便向一些经营进口水果的公司取得更改品名的发票（由于消费者在购买进口水果时通常未向企业取得发票，因此经营进口水果的企业便将这些发票利用起来）。它们将原本海关进口缴款书中水果的品名更改为自身需要的品名，然后将此发票用于退税。最终，这些企业被税务部门稽查时认定为虚开发票，需承担相应的经济、刑事责任。

其次，企业存在多方面的投资经营活动，对于不同的经营活动，存在不同的税收政策，纳税人承担的纳税义务也不一样，实则已经为企业提供了应税选择，即提供了纳税筹划的空间，但若等到经营活动发生后，筹划则变了味儿。

1.2.3 减税性原则

减税性原则实际是企业进行纳税筹划的目标，其实不止字面意义上的减税含义，实际包含四个层面：减轻企业税收负担，规避纳税人义务之外的成本发生，维护纳税人的合法权益以及利用资金的时间价值增加纳税人盈利的机会等。

减税性原则要求筹划人员全面了解企业的经营环境、经营范围、涉及的税收种类、适用税率税负，企业经营的税收环境以及相关行业的纳税环境。在此基础之上分析如何进行筹划以达到减税的目的。

在纳税筹划中遵循减税性原则，可以让企业拥有更加清晰的发展目标，以及制定各阶段的战略。

1.2.4 整体性原则

纳税筹划的整体性原则，实际是指企业在纳税筹划中需从整体出发，顾全大局。

企业的经营活动是相互联系的，并不是割立存在。因此，企业在进行纳税筹划时需考虑企业各经营活动间的联系，善于利用联系并进行转化。企业纳税筹划是一项全面的企业“体检”和规划工作，需要企业各部门协同配合，单凭税务人员个人是无法独立完成的，需要注重整体性原则。

同时在纳税筹划时也需要注重差异，由于纳税筹划后涉及相应调整，计税方式也可能发生了改变，因此在进行纳税筹划后需考虑其他税收条件的变化及筹划所带来的整体利益，不能顾此失彼。

例如，某企业经常请临时工进行物资搬运，但由于无法向临时人员取得成本票，于是老板便按照《中华人民共和国企业所得税税前管理办法》中的相关规定，要求搬运工在收据上写明身份信息，并签字按指纹，每张收据金额不超过500元（一个月多次，累计收入已经超过起征点），据此入账报销自认为该纳税筹划方式为企业年节省大额的所得税。然而该老板却忽视了一个问题，因为该企业向临时工支付劳务费报酬的收据入账后，并没有为个人临时预扣预缴个人所得税，现需为员工补缴大几千的个人所得税。由于是临时员工，该项个人所得税也无法追回。

在纳税筹划中除了关注显性的经济利益，也要考虑其他在税务筹划中产生的非税成本或相关隐性成本等。同时还需要关注企业无形的经济价值，例如纳税递延所产生的时间价值，企业的社会信誉与形象等无形的经济效益。

以上原则应贯穿于企业纳税筹划的各个环节，无论企业选择哪种筹划形式，遵循原则是前提。

【税筹实战练习】

结合企业发展，请谈谈你对于企业纳税筹划原则的认识和理解。

1.3 企业纳税筹划的三种形式

企业纳税筹划的方法虽有千万种，但万变不离其宗，任何具体的筹划方法都可以归结为三种形式，即节税、避税和税负转嫁。三种形式都是以减少企业税负、提高企业经营水平为目的，但三者之间却又存在着本质的区别，具有各自的特点。

1.3.1 形式一：节税

顾名思义，节税即节约税收，指纳税人在完全不违背法律的情况下，通过对多种纳税方案的权衡，选择最优的方案，以达到企业效益的最大化。节税具有以下特点。

1. 以合法合规为前提

节税是在法律范围允许的范围内开展的，不违反税法立法精神，合法合规是前提。这是节税与偷税、避税的本质区别。

2. 契合税收政策立法意图

节税的本质是充分利用相关税收政策来获得最大的优惠。这与国家及相关部门出台优惠政策的意图高度契合。国家及相关部门出台优惠政策是为了相关主体享受政策福利，因此最大限度地利用优惠政策进行节税，让政策福利落到实处，是实现宏观调控的重要方式之一。

3. 智慧与艺术的结合

节税需要强大的税法知识、会计知识及实战经验，需精通企业经营管理，包括投资、融资等业务；同时还需要具备创新思维，懂得灵活运用、筹划。因此，我们可称其为智慧与艺术的结合。

4. 实现形式多样

节税可通过多种方式来实现，即纳税筹划方式的种类是多样的。由于各个企业性质、主营业务、经营情况等千差万别，具有各自的特点，节税方案需根据具体情况具体讨论。因此，节税的实现形式具有多样化的特征。

目前，企业实现节税的方式主要有以下几种：利用税收优惠政策、改变经营主体的性质适用较低的税率、利用税收政策的临界点等方式进行纳税筹划，来达到节税的目的。

1.3.2 形式二：避税

大多数人往往将节税与避税混为一谈，认为节税等同避税，实则不然。有人形象地将避税称为“合法的逃税”。由此可见，虽然避税与节税的最终目的是一致的，但避税并不被法律认可，更不用谈其法律依据。

所谓避税，是指纳税人利用税法的相关漏洞，以打擦边球的方式减轻企业税负。避税具有以下特点。

1. 既不违法也不受法律保护

由于国家在不断地发展，其税收法律也在不断完善，现行的相关税收法律必然存在某些方面的漏洞。而避税则是利用税收政策的漏洞进行筹划，以达到减少税款缴纳的行为。因此，虽然该种行为不违法，但也不受法律保护。

2. 操作难度高

要想避税，需要对国家现行的法律，如税法、刑法及其他相关法律法规充分掌握后才能使自身徘徊在法律的边缘。因此，对于大多数企业来说，通过避税来达到减轻企业税负目的的可操作性并不强。

3. 存在涉税风险

虽然避税的本质并没有违反法律，但由于其对于筹划人员的相关法律知识及专业素质要求极高，因此，此种行为的风险较高，若筹划不当，违反了相关法律，则有可能被认定为偷税、逃税，最终需要承担相关的法律后果。

因此，无论从其本质来说，还是从其操作层面或结果层面，避税行为都不值得提倡。

1.3.3 形式三：税负转嫁

所谓税负转嫁，是指纳税人为了达到减轻税负的目的，通过利用价格浮动的原理将赋税转嫁给他人的一种行为。税负转嫁筹划具有以下特点。

1. 合法性

进行税负转嫁时，只要调整的价格浮动不违反价格法及相关规定，那么则属于正常的经济现象，是合法行为，受法律保护。

2. 不确定性

并不是所有税负都可以转嫁，有一部分税收由纳税人直接承担，它不能转嫁给别人，而有一部分则是可以转嫁的。

3. 受需求弹性与供给弹性的影响

税负转嫁能否通过价格浮动来实现，取决于商品的供给弹性与需求弹性。税负转嫁与需求弹性成反比，在供给弹性不变的条件下，需求弹性越大，则购买得越少，税负无法实现全部转移，与供给弹性成正比。

以需求弹性为例。需求量对价格的升降所做出的反应程度称为需求弹性系数，需求弹性系数＝需求变化百分比／价格变化百分比，其绝对值大于1，为富有弹性。例如，在日常生活中，人们对必需品的需求弹性往往很低，即使涨价，也还是需要购买，对于价格变动，需求变化不大。

利用税负转嫁的纳税筹划方式主要有三种：前转、后转、混转。

税负前转筹划法，是通过提高商品价格或生产要素的价格，销售给消费者，这样便通过提高价格将从消费者手中获取的钱用来弥补自己作为名义上的义务纳税人需支付的税额。

税负后转筹划法，是通过降低生产要素的购进价格或压低工资，在销售价格保持不变的情况下，通过降低成本来获得更多的利润，弥补税负。

税负混转筹划法，是既向前转嫁给消费者，也向后转嫁给生产者。

【税筹实战练习】

请用表格的方式试着归纳企业三种纳税筹划方式的异同点。

筹划方式	异同点	
	相同点	不同点
节税		
避税		
税负转嫁		

第 2 章
税收新政知多少

税收政策及相关规定是筹划人员开展纳税筹划的依据，一切纳税筹划都必须以税收政策以及相关税收法律为前提。本章主要介绍了企业经营管理中最常见的税收新政策，其中包含增值税新政、企业所得税新政、个人所得税新政，以及其他小税种如印花税、车船税、契税、城市维护建设税等相关新政策。纳税筹划人员只有不断与时俱进，吃透相关政策，才能用创新的思维去解决税务管理中的难题。

2.1 增值税税收新政

2019 年，某企业的老板在缴纳增值税时，因不懂增值税新政策，竟然多缴纳了人民币 10 万元。原来，根据增值税税收新政策，该企业的老板漏掉了 1% 的增值税加计抵扣，导致最终多算出了 10 万元的增值税。虽然企业后期可以申请退还，但程序繁杂且审核期限长，若老板能及时了解相关增值税税收政策，就可以从源头杜绝此类问题发生，为企业减少不必要的麻烦和损失。

近些年来，政府出台了一系列增值税改革政策，作为我国第一大税种——增值税，其相关免税、优惠政策直接为企业减轻了税务压力。作为老板，要了解和利用最新增值税政策，让企业真正享受到增值税计税优惠，为企业发展提供更加充足的资金，实现利润最大化。

2018～2020 年期间，新出台的增值税征收规定主要包含四个方面的内容，即统一纳税主体标准、下调税率（相关优惠）、出台发票新规以及免征相关企业增值税。

2.1.1 何为增值税

增值税是对商品生产、流通、劳务服务中多个环节的新增价值或商品的附加值征收的一种流转税。简言之，纳税人在销售过程中获得了收益，就需要按照相关规定缴纳增值税。

老板可以从增值税的 3 个重要构成要素——增值税的纳税主体（Who）、企业应税行为（What）以及增值税计算（How）认识增值税。增值税的 3 个重要构成要素如图 2-1 所示。

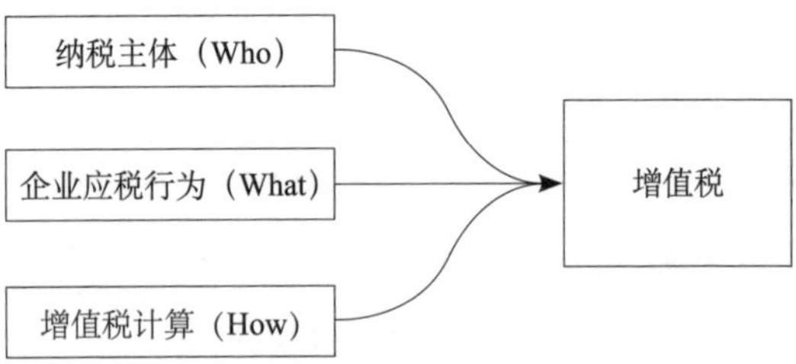

图 2-1　增值税的 3 个重要构成要素

1．Who：一般纳税人还是小规模纳税人

根据销售规模，增值税纳税人通常分为一般纳税人和小规模纳税人。而《关于统一增值税小规模纳税人标准的通知》（财税 2018 33 号）（以下简称通知），对小规模纳税人与一般纳税人的界定做出了新的规定。

（1）小规模纳税人

小规模纳税人是指年应征增值税销售额（即年应税销售额或服务额）在 500 万元以下且会计核算不健全的增值税纳税人。

例如，小明在一家年销售额 100 万元的餐厅工作，餐厅没有专门的财务人员，开支、收入基本都由老板管理，那么可判断这家餐厅属于小规模纳税人。

（2）一般纳税人

一般纳税人是指年销售额或服务额达到 500 万元以上，或年销售额或服务额未达到 500 万元的标准，但企业会计核算健全的增值税纳税人。

在此通知出台之前，小规模纳税人与一般纳税人的界定标准不统一，且细分了生产领域与销售领域，对于老板来说，区分起来相对复杂。在现实的企业管理中，需要根据自身的发展状况判断企业究竟属于哪一种纳税人：年销售额（或服务额）是否达到 500 万元标准，企业会计核算是否正规，在实际经营中是否按会计法规定核算账务，即人员是否齐全、核算是否正确、数据是否真实等。

根据以上所学，你能判断出自己的企业属于一般纳税人还是小规模纳税人吗？不妨通过回答下表中的问题进行判断。小规模纳税人与一般纳税人的判断方法如表 2-1 所示。

表 2-1　小规模纳税人与一般纳税人的判断方法

纳税主体 判断标准	年销售额是否达到 500 万元标准	企业会计核算是否正规	在实际经营中是否按会计法规定核算账务
小规模纳税人	否	否	否
一般纳税人	是	是	是

2. What：企业哪些经营活动需要缴纳增值税

在确定了企业纳税身份后，老板还需要了解企业经营活动的增值税缴纳范围。现行增值税的应税行为范围具体包括在我国境内提供有偿服务、有偿转让无形资产或者不动产，销售货物、进口货物，提供加工、修理修配劳务等。增值税的应税行为及具体内容如表 2-2 所示。

表 2-2　增值税的应税行为及具体内容

应税行为	具体内容
提供服务	运输服务：陆路运输服务、水路运输服务、航空运输服务、管道运输服务
	邮政服务：邮政普遍服务、邮政特殊服务、邮政其他服务
	电信服务：基础电信服务、增值电信服务
	现代服务：研发和技术服务、信息技术服务、文化创意服务、物流辅助服务、有形动产租赁服务、鉴证咨询服务、广播影视服务、商务辅助服务和其他现代服务
	建筑服务：工程服务、安装服务、修缮服务、装饰服务和其他建筑服务

（续）

应税行为	具体内容
提供服务	金融服务：贷款服务、直接收费金融服务、保险服务、金融商品转让
	生活服务：文化体育服务、教育医疗服务、旅游娱乐服务、餐饮住宿服务、居民日常服务和其他生活服务
销售无形资产	指转让无形资产所有权或者使用权的业务活动，包括技术、商标、著作权、商誉、自然资源使用权和其他权益性无形资产
销售不动产	指转让不动产所有权的业务活动，包括建筑物和构筑物
	建筑物：住宅、商业营业用房、办公楼等可供居住、工作或者进行其他活动的建造物
	构筑物：道路、桥梁、隧道、水坝等建造物
提供劳务	加工劳务：受托加工货物，即委托方提供原料及主要材料，受托方按照委托方的要求，制造货物并收取加工费的业务
	修理修配劳务：受托对损伤和丧失功能的货物进行修复，使其恢复原状和功能的业务。有偿维修货物原则上应缴纳增值税
销售货物	销售货物：在我国境内有偿转让货物（有形资产）的所有权，电力、热力、气体也包括在内
进口货物	将货物从外国境外移送至我国境内的行为。税法规定，凡进入我国海关境内的货物，应于进口报关时向海关缴纳进口环节增值税

根据以上归纳，老板可根据企业经营范围来判断自身需要缴纳的增值税。

3．How：企业增值税如何计算

要想更好地进行纳税活动，在征税范围之外，企业还需要了解增值税的税率及计算方式。

在现实生活中，很多人分不清“税率”与“征收率”这两个概念，常常将这两个概念混为一谈，实际上两者大有不同。一般纳税人对应的是“税率”，而小规模纳税人对应的是“征收率”。

这两个概念实则是为了区分不同的计税方法，“税率”对应的是一般计税方法，“征收率”对应的是简易计税法。通常情况下，小规模纳税人采用的是简易计税法，一般纳税人采用的是一般计税法（特殊情况除外）。

（1）简易计税法

计算公式：当期应纳增值税 = 当期销售额或服务额 × 征收率。

假设 B 企业为小规模纳税人，2020 年 5 月取得销售货物收入 100 万元（不含税），当月购进货物 80 万元（不含税），计算 B 企业本月应交税额。

应交税额 =100 × 3%=3（万元）。

（2）一般计税法

一般计税法，通过销项税与进项税进行抵扣。

销项税：指纳税人在销售应税货物或劳务时，按照销售额和税法规定的税率计算并向买方收取的增值税额。销售税额的计算公式：销项税额 = 销售额（不含税）× 税率。也就是说卖方卖东西，获得相应收入，需要缴税。

进项税：指纳税人在购进应税货物或劳务时，需要支付的增值税额。进项税额 = 买价（不含税）× 扣除率。简言之，就是买方买东西时也需要缴税。

销项税可与进项税进行抵扣，即应交的税费 = 销项税额 − 进项税额，这种抵扣方法被称为一般纳税方法。纳税人每月可以拿所有销项税额减去进项税额，若所得为正，则需要向税务局交税，若是零或负数就不用交税费。

假设 A 企业为一般纳税人，2020 年 5 月取得销售货物收入 200 万元（不含税），货物适用税率为 13%，当月购进货物花了 100 万元（不含税），货物适用税率是 13%，取得增值税专用发票，请问 A 企业本月应交增值税是多少?

销项税额 =200 × 13%=26（万元）；

进项税额 =100 × 13%=13（万元）；

应交税额 =26−13=13（万元）。

2.1.2 增值税税率新政

在增值税税收改革中，增值税税率的调整是老板最关心的因素之一，因为这直接关系到老板要缴纳多少增值税额。

我国的增值税税率经历了 4 次大的调整，在 2019 年 3 月 20 日，相关部门出台了《财政部 税务总局 海关总署关于深化增值税改革有关政策的公告》（2019 年第 39 号）（以下简称新规），对增值税税率做出了新的规定，将现行增值税税率由 16% 降至 13%、10% 降至 9%，6% 档保持不变。增值税改革有关政策的公告依据如图 2-2 所示。

图 2-2　增值税改革有关政策的公告依据

看似百分比数字的小幅度变动，对于老板来说却是巨大的税收减负。身边的朋友甚至因此次增值税税率下调，获得几千万元人民币的增值税减负优惠。

在税收新政中，下调后的增值税税率具体适用哪些应税项目？老板能否享受到大的增值税税收优惠？可以参照归纳的最新税率表进行判断。一般纳税人应税项目增值税税率如图 2-3 所示。

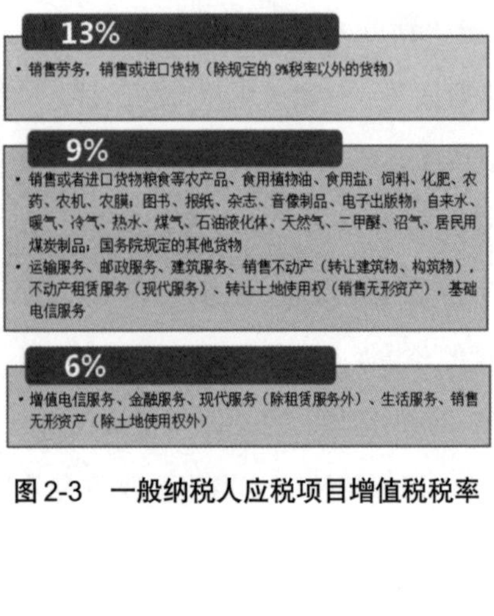

图 2-3　一般纳税人应税项目增值税税率

除了增值税税率的普遍下调，新规对农产品的扣除率也做出了新的调整。纳税人购进农产品，原适用 10% 扣除率的，现扣除率调整为 9%。纳税人购进用于生产或者委托加工 13% 税率货物的农产品，按照 10% 的扣除率计算进项税额。

同时，对生产、生活服务业纳税人实行新的加计抵减政策。《财政部 税务总局关于明确生活性服务业增值税加计抵减政策的公告》（财政部 税务总局公告 2019 年第 87 号）节录如下：

> 一、2019 年 10 月 1 日至 2021 年 12 月 31 日，允许生活性服务业纳税人按照当期可抵扣进项税额加计 15%，抵减应纳税额（以下称加计抵减 15% 政策）。
>
> 二、本公告所称生活性服务业纳税人，是指提供生活服务取得的销售额占全部销售额的比重超过 50% 的纳税人。生活服务的具体范围按照《销售服务、无形资产、不动产注释》（财税〔2016〕36 号印发）执行。
>
> 2019 年 9 月 30 日前设立的纳税人，自 2018 年 10 月至 2019 年 9 月期间的销售额（经营期不满 12 个月的，按照实际经营期的销售额）符合上述规定条件的，自 2019 年 10 月 1 日起适用加计抵减 15% 政策。
>
> 2019 年 10 月 1 日后设立的纳税人，自设立之日起 3 个月的销售额符合上述规定条件的，自登记为一般纳税人

之日起适用加计抵减15%政策。

纳税人确定适用加计抵减15%政策后，当年内不再调整，以后年度是否适用，根据上年度销售额计算确定。

其中生产、生活性服务业纳税人，是指提供邮政服务、电信服务、现代服务、生活服务（以下称4项服务）取得的销售额占全部销售额的比重超过50%的纳税人。4项服务的具体释义及企业类型如表2-3所示。

表2-3 4项服务具体释义及企业类型

行业类型	企业类型
邮政服务	中国邮政集团公司及其所属邮政企业等
电信服务	移动、联通、电信、广播电视网络公司，办理增值电信经营许可证的企业等
现代服务	广告公司、物流公司、律所、平面设计公司、营销策划公司等、影视公司等
生活服务	餐馆、酒店，旅游公司、幼儿园、制药公司、医疗器具公司、家政公司、婚庆公司、美容美发等

二手车经销有关增值税税率调整公告的政策依据如图 2-4 所示。

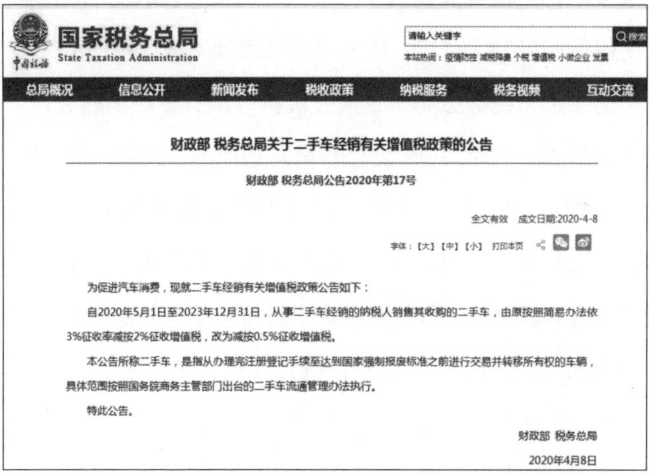
国家税务总局
State Taxation Administration

请输入关键字 搜索
本站热词：疫情防控 减税降费 个税 增值税 小微企业 发票

总局概况 信息公开 新闻发布 税收政策 纳税服务 税务视频 互动交流

财政部 税务总局关于二手车经销有关增值税政策的公告

财政部 税务总局公告2020年第17号

全文有效 成文日期:2020-4-8

字体：【大】【中】【小】 打印本页

为促进汽车消费，现就二手车经销有关增值税政策公告如下：

自2020年5月1日至2023年12月31日，从事二手车经销的纳税人销售其收购的二手车，由原按照简易办法依3%征收率减按2%征收增值税，改为减按0.5%征收增值税。

本公告所称二手车，是指从办理完注册登记手续至达到国家强制报废标准之前进行交易并转移所有权的车辆，具体范围按照国务院商务主管部门出台的二手车流通管理办法执行。

特此公告。

财政部 税务总局

2020年4月8日

图 2-4 二手车经销有关增值税税率调整公告的政策依据

若企业从事二手车经销业务，且符合相关规定，那么自 2020 年 5 月 1 日至 2023 年 12 月 31 日，即可享受由原按照简易办法依 3% 征收率减按 2% 征收增值税，改为减按 0.5% 征收增值税。

2.1.3 增值税发票新政

增值税发票是企业在经营活动中开具或收取的一种付款凭证，老板了解增值税发票新的规定是企业进行合理纳税的依据。

1. 新的发票监制章启用，老板需关注发票更换

2019年年初，听到很多老板反映，过完节，发现好多节前没报销的发票都不能继续使用了…… 原来，因为新的发票监制章启用，使得很多2018年12月31号以前的发票不能继续使用。

根据《国家税务总局关于税务机构改革有关事项的公告》（国家税务总局2018年第32号公告）第六条规定，在新的税务机构挂牌后，将启用新的发票监制管理章，同时，增值税电子普通发票（含收费公路通行费增值税电子普通发票）版式也需一致。挂牌前已由各省税务机关统一印制的税收票证和原各省国税机关已监制的发票在2018年12月31日前可以继续使用，由国家税务总局统一印制的税收票证在2018年12月31日后继续使用。

老板应该如何区分哪些发票可以使用，哪些不能使用？通俗地讲，老板只需留意发票上的监制章，假如发票上出现“国家税务局”字样，那么这些票据在2018年12月31号之后都需更换，若出现的“国家税务总局”，则无需更换，可以继续使用。例如，之前由国家税务总局监制的，增值税专用发票、增值税普通发票（折叠票、卷票）都无需更换。

2. 增值税发票将被纳入异常凭证管理的6种情况

根据《国家税务总局关于异常增值税扣税凭证管理等有关事项的公告》（国家税务总局公告2019年第38号）规定以下6种情况的增值税发票将被纳入异常管理凭证。表2-4所示为6种情况的增

值税发票将被纳入异常凭证管理的内容和注意事项。

表 2-4　6 种情况的增值税发票将被纳入异常凭证管理的内容和注意事项

<table>
<tr><th>被列入异常凭证管理的内容范围</th><th>注意事项</th></tr>
<tr><td>纳税人丢失、被盗税控专用设备中未开具或已开具未上传的增值税专用发票</td><td rowspan="3">增值税一般纳税人申报抵扣异常凭证，同时符合下列情形的，其对应开具的增值税专用发票列入异常凭证范围：
异常凭证进项税额累计占同期全部增值税专用发票进项税额 70%（含）以上的；
异常凭证进项税额累计超过 5 万元的</td></tr>
<tr><td>非正常户纳税人未向税务机关申报或未按规定缴纳税款的增值税专用发票</td></tr>
<tr><td>增值税发票管理系统稽核比对发现“比对不符”“缺联”“作废”的增值税专用发票</td></tr>
<tr><td>经税务总局、省税务局大数据分析发现，纳税人开具的增值税专用发票存在涉嫌虚开、未按规定缴纳消费税等情形的</td><td>增值税一般纳税人取得的增值税异常凭证的，尚未申报抵扣增值税进项税额的，暂不允许抵扣。已经申报抵扣增值税进项税额的，除另有规定外，一律作进项税额转出处理</td></tr>
<tr><td>商贸企业购进、销售货物名称严重背离的；生产企业无实际生产加工能力且无委托加工，或生产能耗与销售情况严重不符，或购进货物并不能直接生产其销售的货物且无委托加工的</td><td rowspan="2">新办理增值税一般纳税人登记的纳税人，自首次开票之日起 3 个月内不得离线开具发票，按照有关规定不使用网络办税或不具备风险条件的特定纳税人除外</td></tr>
<tr><td>直接走逃失踪不纳税申报，或虽然申报但通过填列增值税纳税申报表相关栏次，规避税务机关审核比对，进行虚假申报的</td></tr>
</table>

3. 所有小规模纳税人可以开具增值税专用发票

常常听到周遭的朋友抱怨，做企业太难了，有时为了开具增值税专票需要去税务部门跑好几趟，要是赶上对方催得紧，还真急得像热锅上的蚂蚁。那么，此次关于增值税发票新规中是否有出台相关规定？答案是肯定的。

在2019年10月9日，根据《国家税务总局关于增值税发票管理等有关事项的公告》（国家税务总局公告2019年第33号）第五条规定，增值税小规模纳税人（其他个人除外）发生增值税应税行为，需要开具增值税专用发票的，可以自愿使用增值税发票管理系统自行开具。选择自行开具增值税专用发票的小规模纳税人，税务机关不再为其代开增值税专用发票。

4. 专用发票电子化，简化企业纳税流程

在使用纸质增值税专用发票时，相信老板们大抵都遇到过类似的状况：因不慎将增值税纸质发票丢失而引发一系列不必要的麻烦；在增值税纳税期间，面对复杂的规定和操作流程，企业财务人员常常进度缓慢；增值税抵扣、结算周期长，企业的资金使用率低……

面对以上这些令人头痛的问题，对于老板而言，增值税专用发票电子化无疑是一剂“良药”。根据《国家税务总局关于在新办纳税人中实行增值税专用发票电子化有关事项的公告》（国家税务总局公告2020年第22号）规定，自2020年12月21日起，在天津、河北、上海、江苏、浙江、安徽、广东、重庆、四川、宁波和深圳等 11 个地区的新设立登记的纳税人中（以下简称新办纳税人）实行专票电子化，受票方范围为全国，其中，宁波、石家庄和杭州等 3 个地区已试点纳税人开具增值税电子专用发票（以下简称“电子专票”）的受票方范围扩至全国。

自 2021 年 1 月 21 日起，在北京、山西、内蒙古、辽宁、吉林、黑龙江、福建、江西、山东、河南、湖北、湖南、广西、海南、贵州、云南、西藏、陕西、甘肃、青海、宁夏、新疆、大连、厦门和青岛等 25 个地区的新办纳税人中实行专票电子化，受票方范围为全国。

增值税专票电子化，对企业财务人员也提出了新的要求，因此，老板需加强企业财务人员相关知识的学习和培训，将企业增值税专用发票电子化落到实处。

2.1.4 免征增值税的企业

一个朋友在 2017 年于当地社区成立了一家托育企业，聚会闲聊时，他向我吐露企业经营所面临的经济压力，并谈及企业经营时的主要税收支出 —— 增值税。我便安慰他说，根据相关消息，你们这一类型的企业以后应该能减免增值税。果不其然，在 2019 年 7 月初，我接到他打来的电话，他告诉我他的企业可以免征增值税，隔着电话，我都能感受到他难以抑制的激动和开心。

除了《中华人民共和国增值税暂行条例》中对于避孕药品和用具，直接用于科研、试验和教学的进口仪器、设备，以及销售自己使用过的物品时可免征增值税的相关规定，近期相关部门也出台了一些适用企业免征增值税的新政策。

老板可参考2019～2020年最新出台的相关免税政策，判断自己的企业是否符合免征条件。具体免征企业有以下5类。

1. 小规模纳税人

小规模纳税企业也可以被称为小微企业，在我国的经济发展中起着不可替代的作用，为了鼓励小微企业的发展，推出了免征增值税的政策。《财政部 税务总局关于实施小微企业普惠性税收减免政策的通知》（财税〔2019〕13号）指出，自2019年1月1日至2021年12月31日，对月销售额10万元以下（含本数）的增值税小规模纳税人，免征增值税。

2. 文化企业

相关部门出台了关于文化企业免征增值税的相关政策，政策规定对于电影集团公司、电影制片厂以及其他电影企业、广播电视运营服务企业的部分经营内容免征增值税。文化企业增值税免征政策如表2-5所示。

表 2-5　文化企业增值税免征政策

税收政策	具体内容
时间	自 2019 年 1 月 1 日起至 2023 年 12 月 31 日
优惠内容	对电影主管部门（包括中央、省、地市及县级）按照各自职能权限批准从事电影制片、发行、放映的电影集团公司（含成员企业）、电影制片厂及其他电影企业取得的销售电影拷贝（含数字拷贝）收入、转让电影版权（包括转让和许可使用）收入、电影发行收入以及在农村取得的电影放映收入，免征增值税
政策依据	对广播电视运营服务企业收取的有线数字电视基本收视维护费和农村有线电视基本收视费，免征增值税

同时政策规定，当经营性文化事业单位转制为企业的单位，自注册之日起所取得的党报、党刊发行收入和印刷收入免征增值税。

3. 社区家庭服务企业

根据《财政部 税务总局 发展改革委 民政部 商务部 卫生健康委关于养老、托育、家政等社区家庭服务业税费优惠政策的公告》（财政部 税务总局 发展改革委 民政部 商务部 卫生健康委公告 2019 年第 76 号）指示，自 2019 年 6 月 1 日至 2025 年 12 月 31 日，为社区提供养老、托育、家政等服务的机构，所取得的对应收入免征增值税。

4. 广州南沙新区保险企业

根据《财政部 海关总署 税务总局关于在粤港澳大湾区实行有

关增值税政策的通知》（财税〔2020〕48 号）规定，自 2020 年 10 月 1 日至 2023 年 12 月 31 日，对注册在广州市的保险企业向注册在南沙自贸片区的企业提供国际航运保险业务取得的收入，免征增值税。

例如，2020 年 12 月 14 日，中国人民财产保险股份有限公司广州市分公司为大昌行进口货物运输保险业务出具的保单成功享受增值税免征政策。

5. 海南离岛免税店

根据国家税务总局发布的《海南离岛免税店销售离岛免税商品免征增值税和消费税管理办法》（国家税务总局公告 2020 年第 16 号）、《海南离岛免税店销售离岛免税商品免征增值税和消费税管理办法》规定，对于符合相关规定的离岛免税店销售离岛免税商品，按免征增值税。

海南离岛免税店包括三亚凤凰机场离岛免税店（中免公司）、三亚海旅离岛免税店（海南旅投免税品有限公司）、三亚国际免税购物公园（中国出国人员服务有限公司）等 10 家离岛免税店。

6. 特殊时期的特殊免税政策

对于特殊时期（防控新型冠状病毒）对纳税人提供公共交通运输服务、生活服务，以及为居民提供必需生活物资快递收派服务取得的收入，免征增值税。其政策公告依据如图 2-5 所示。

财政部 税务总局关于支持新型冠状病毒感染的肺炎疫情防控有关税收政策的公告

财政部 税务总局公告2020年第8号

全文有效 成文日期:2020-2-6

字体：【大】【中】【小】 打印本页

图 2-5 特殊时期对提供生活性服务的纳税人免征增值税的政策依据

需要注意的是，本条政策是特殊时期的特殊政策，政策截止日期视情况而定，因此本书所有纳税筹划案例不参考该政策，即按照正常情况做纳税筹划。

【税筹实战练习】

老板张总提出了这样一个问题，请试着做出回答。

张总：我的企业年应税销售额大概在96万元左右，是否需要缴纳增值税？

答：根据该企业年应税销售额判断该企业为小规模纳税人，月销售额为8万元（人民币），符合小规模纳税人免征政策，故在优惠政策期限内，该企业免征增值税。

2.2 企业所得税税收新政

2019年5月18日，老板王总在网上办公时，发现一则打着“重磅”字样的弹窗总是频繁地出现在各种网页上，看标题似乎与某项税收政策有关。王总点进链接后，发现这是一则关于“华为、中兴等企业将免征企业所得税”的消息，这一消息使他不由得心跳加速，因为他的企业经营范围是芯片制造，与华为、中兴等企业有着强大的关联性，既然华为、中兴可以享受企业所得税税收优惠，那么……

王总立刻进行了相关政策确认，他发现这条消息是依据最新发布的集成电路与软件产业相关优惠政策解读来的。通过对原政策的详细解读，王总欣慰地发现自己的企业同样符合企业所得税的免征政策。

在现实生活中，不仅只有该案例中的王总可以享受企业所得税的免征政策，只要满足企业所得税新政条件的企业都可以享受相应的优惠待遇。那么，除了案例中介绍的优惠政策，企业所得税还有哪些新政？通过总结，我们发现自2019年至2020年，企业所得税税收新政主要体现在以下两个方面：企业所得税税收优惠新政、企业所得税申报表的新变化。

2.2.1 何为企业所得税

企业所得税是对我国境内的企业和其他取得收入的组织的生产经营所得和其他所得征收的一种所得税。根据字面意思，“所得税”可理解为经营所得，它是对企业最终获得的收益而征收的一种税，其中“最终”是相对于生产、流通、服务等环节而言。

同样，我们也可以从企业所得税纳税主体（Who）、征收对象（What）以及计算（How）3个方面来了解企业所得税。

1.Who：居民企业还是非居民企业

企业所得税的纳税主体包含居民企业和非居民企业，具体释义如图2-6所示。

居民企业

依法在中国境内，或者依照外国（地区）法律成立但实际管理机构、总机构在中国境内的企业，如沃尔玛（中国）公司

非居民企业

非居民企业是指依照外国法律成立，并且实际管理机构不在中国境内，但却在中国境内设立机构和场所，或者在中国境内未设立机构和场所，但有来源于中国境内所得的企业

图2-6 居民企业与非居民企业的具体释义

若根据企业性质划分，企业所得税纳税人主要包括国有企业、集体企业、私营企业、联营企业、股份制企业、有生产经营所得和其他所得的其他组织。

2.What：企业的哪些所得需要缴纳所得税

企业所得税的征收对象如表 2-6 所示。

表 2-6　企业所得税的征收对象

纳税主体	收入来源	具体类型
居民企业	来源于中国境内、境外的企业所得	销售货物所得、提供劳务所得、利息收入、股息红利所得、转让财产所得、租金所得、特许权使用费所得，接受捐赠所得，其他所得
非居民企业	在中国境内设立机构和场所： 凡是通过在中国境内设立的机构和场所获得的企业所得都需缴纳企业所得税（无论是从中国境内还是中国境外获得）； 若未从设立的机构和场所中获得所得，则需将来源于中国境内的收入缴纳企业所得税	
	未在中国境内设立机构和场所： 则需将来源于中国境内所得缴纳企业所得税	

3.How：企业所得税的计算

企业所得税的计算公式：企业所得税应缴纳税额 = 应缴纳所得额 × 适用税率 − 减免税额 − 抵免税额。由上述公式可见，要想计算出企业所得税，明确企业应税所得额是基础。

应纳税所得额 = 收入总额 − 不征税收入 − 免税收入 − 准予扣除项目金额 − 允许弥补的以前年度亏损。

例如，甲企业为一家机械制造企业，且为一般纳税人。2019年实现税前收入 2500 万元，（其中，产品销售收入 2000 万元，购买国债利息收入 200 万元，营业外收入 300 万元），生产成本为 1500 万元，销售费用为 420 万元（其中，业务招待费 100 万元），管理费用 200 万元（其中员工薪酬为 100 万元，员工数为 75 人），营业外支出 10 万元（其中，税收滞纳金为 2 万元，弥补上年度亏损 8 万元），该企业资产总额为 4000 万元。那么，该企业 2019 年应缴企业所得税是多少？

甲企业年度收入总额 =2000+200+300=2500（万元），其中 200 万元国债利息收入为免税收入。

甲企业 2019 年成本 =1500+420+200=2120（万元）。

甲企业 2019 年利润总额 =2500−2120−10=370（万元）。

业务招待费调增额 =100−2000 × 5‰=90（万元）。

营业外支出调增额 =10−8=2（万元）。

国债利息收入调减 200 万元，应税所得额 =370+90+2−200=262 万元。

根据《财政部　税务总局关于实施小微企业普惠性税收减免政策的通知》（财税〔2019〕13 号）中规定，对于小型微利企业应纳税所得额不超过 100 万元的部分，减按 25% 计入应纳税所得额，按 20% 的税率缴纳企业所得税；对年应纳税所得额超过 100 万元但不超过 300 万元的部分，减按 50% 计入应纳税所得额，按 20% 的税率缴纳企业所得税。因此，甲企业 2019 年应缴纳的企业所得税 =100 × 25% × 20%+162 × 50% × 20%=21.2（万元）。

2.2.2 企业所得税税收优惠新政

某仪表开发制造企业的老板李总表示，对他们而言，2020 年 4 月 23 日发布的关于延续西部地区鼓励类产业的优惠政策可谓“及时雨”，按近期数据估算，企业一年可减免两千万的税款，他们可以拿这部分优惠税款去优化产业结构，提高企业生产效率，激活企业活力。

近些年来，一些企业享受到了企业所得税税收优惠政策的巨大福利，从而实现了企业生产的良性循环。2019 年至 2020 年期间，新增或延续实施的企业所得税税收优惠政策主要包含以下 9 个方面。

1. 集成电路产业与软件产业

据《财政部 税务总局 发展改革委 工业和信息化部公告 2020 年第 45 号》表示，国家鼓励集成电路线宽小于 28 纳米（含 28 纳米，以下简称“含”），且经营期在 15 年以上的集成电路生产企业或项目，第一年至第十年免征企业所得税；国家鼓励的集成电路线宽小于 65 纳米（含），且经营期在 15 年以上的集成电路生产企业或项目，第一年至第五年免征企业所得税，第六年至第十年按照

25% 的法定税率减半征收企业所得税；国家鼓励的集成电路线宽小于 130 纳米（含），且经营期在 10 年以上的集成电路生产企业或项目，第一年至第二年免征企业所得税，第三年至第五年按照 25% 的法定税率减半征收企业所得税。

对于线宽小于 130 纳米（含）的集成电路生产企业，属于国家鼓励的集成电路生产企业清单，年度之前 5 个纳税年度发生的尚未弥补完的亏损，准予向以后年度结转。

国家鼓励的集成电路设计、装备、材料、封装、测试企业和软件企业，自获利年度起，第一年至第二年免征企业所得税，第三年至第五年按照 25% 的法定税率减半征收企业所得税。

国家鼓励的重点集成电路设计企业和软件企业，自获利年度起，第一年至第五年免征企业所得税，接续年度减按 10% 的税率征收企业所得税。

2. 广告费和业务宣传费支出

《财政部 税务总局关于广告费和业务宣传费支出税前扣除有关事项的公告》（财政部 税务总局公告 2020 年第 43 号）中对化妆品制造或销售、医药制造和饮料制造（不含酒类制造）企业发生的广告费和业务宣传费支出，不超过当年销售（营业）收入 30% 的部分，准予扣除；超过部分，准予在以后纳税年度结转扣除。

对签订广告费和业务宣传费分摊协议（以下简称分摊协议）的关联企业，其中一方发生的不超过当年销售（营业）收入税前扣除限额比例内的广告费和业务宣传费支出可以在本企业扣除，也可以将其中的部分或全部按照分摊协议归集至另一方扣除。另一方在计算本企业广告费和业务宣传费支出企业所得税税前扣除限额时，可将按照上述办法归集至本企业的广告费和业务宣传费不计算在内。

例如，制药企业A和药品销售企业B均为居民企业，存在关联关系，签订了广告费和业务宣传费分摊协议，约定A企业实际发生的广告费的40%由B企业分摊负担。2019年，A企业销售营业收入6000万元（不含增值税，下同），实际发生广告费1000万元；B企业发生销售营业收入3000万元，实际发生业务宣传费500万元，则：

A企业当年广告费扣除限额=6000×30%=1800（万元）。

按照协议A企业当年计算应纳税所得额时可扣除的广告费=1000×60%=600（万元）。

B企业当年广告费和业务宣传费限额=3000×15%=450（万元）。

B企业申报当年应纳税所得额时可扣除的广告费和业务宣传费=450+1000×40%=850（万元）。

若A企业当年发生广告费2000万元，超过了1800万元限额，则企业A可按照协议扣除的广告费为1800×60%=1080（万元）。

B企业可以扣除的广告费与宣传费=450+1800×40%=1170（万元）。

其中的 15% 指企业每一纳税年度发生的符合条件的广告费和业务宣传费，除国务院财政、税务主管部门另有规定外，不超过当年销售（营业）收入 15% 的部分，准予扣除；超过部分，准予在以后纳税年度结转扣除。

3. 上海自由贸易试验区临港新片区（以下称“新片区”）内重点产业

《国务院关于印发中国（上海）自由贸易试验区临港新片区总体方案的通知》（国发〔2019〕15 号）对新片区内从事集成电路、人工智能、生物医药、民用航空等关键领域核心环节相关产品（技术）业务，并开展实质性生产或研发活动的符合条件的法人企业，自设立之日起 5 年内减按 15% 的税率征收企业所得税。

4. 海南自由贸易港企业

《财政部 税务总局关于海南自由贸易港企业所得税优惠政策的通知》对注册在海南自由贸易港并实质性运营的鼓励类产业企业，减按 15% 的税率征收企业所得税。

对在海南自由贸易港设立的企业，新购置（含自建、自行开发）固定资产或无形资产，单位价值不超过 500 万元（含）的，允许一次性计入当期成本费用在计算应纳税所得额时扣除，不再分年度计算折旧和摊销；新购置（含自建、自行开发）固定资产或无形资产，单位价值超过 500 万元的，可以缩短折旧、摊销年限或采取加速折旧、摊销的方法。

值得注意的是，缩短折旧、摊销年限即企业在设备使用初期便可以分摊更多的折旧，而这部分折旧在企业所得额中是可以扣除的，这样就相应减少了缴纳的所得税。

5. 西部地区鼓励类产业

据《财政部 税务总局 国家发展改革委关于延续西部大开发企业所得税政策的公告》（财政部公告 2020 年第 23 号）规定，自 2021 年 1 月 1 日至 2030 年 12 月 31 日，对设在西部地区的鼓励类产业企业减按 15% 的税率征收企业所得税。本条所称鼓励类产业企业是指以《西部地区鼓励类产业目录》中规定的产业项目为主营业务，且其主营业务收入占企业收入总额 60% 以上的企业。

6. 跨境电商（企业）

综试区内核定征收的跨境电商（企业）应准确核算收入总额，并采用应税所得率方式核定征收企业所得税。应税所得率统一按照 4% 确定。

据《财政部 税务总局 商务部海关总署关于跨境电子商务综合试验区零售出口货物税收政策的通知》（财税〔2018〕103 号），综试区内实行核定征收的跨境电商（企业）符合小型微利企业优惠政策条件的，可享受小型微利企业所得税优惠政策；其取得的收入属于《中华人民共和国企业所得税法》第二十六条规定的免税收入的，可享受免税收入优惠政策。

7. 小型微利企业

据《中华人民共和国企业所得税法》及其实施条例、《财政部 税务总局关于实施小微企业普惠性税收减免政策的通知》(财税〔2019〕13号)、《中华人民共和国企业所得税法》及其实施条例规定，2019年1月1日至2021年12月31日，应纳税所得额不超过100万元的部分，减按25%计入应纳税所得额，按20%的税率缴纳企业所得税，对年应纳税所得额超过100万元但不超过300万元的部分，减按50%计入应纳税所得额，按20%的税率缴纳企业所得税。

8. 企业发生的员工教育经费支出

根据《财政部 税务总局关于企业员工教育经费税前扣除政策的通知》(财税〔2018〕51号)的规定，自2018年1月1日起，企业发生的员工教育经费支出，不超过工资薪金总额8%的部分，准予在计算企业所得税应纳税所得额时扣除；超过部分，准予在以后纳税年度结转扣除。

9. 固定资产加速折旧

根据《财务部 税务总局关于扩大固定资产折旧优惠政策适用范围的公告》(财政部 税务总局公告2019年第66号)政策规定，自2019年1月1日起，适用《财政部 国家税务总局关于完善固定资产加速折旧企业所得税政策的通知》(财税〔2014〕75号)和《财政部 国家税务总局关于进一步完善固定资产加速折旧企业所得税政策的通知》（财税〔2015〕106号）规定固定资产加速折旧优惠的行业范围，扩大至全部制造业领域。

2.2.3 企业所得税申报表的新变化

2020年，伴随特殊行业企业所得税优惠新政的出台，相应的月（季度）申报表与年度申报表均发生了新的变化，对此，很多老板都特别关心一个问题：企业财务人员具体需要关注哪些变化内容，才能使企业所得税申报能合理有序进行？从其总体变化来看，不涉及优惠政策的企业的填报不会受太大影响，但涉及优惠政策的企业则需要关注以下变化。

1. 企业所得税月（季度）申报表的新变化

企业所得税月（季度）申报表自2018年以来经历了四次变化，本次根据2020年6月29日发出的，国家税务总局关于修订《中华人民共和国企业所得税月（季）度预缴纳税申报表（A类，2018年版）》等报表的公告国家税务总局公告2020年第12号，主要经历了表单样式修改和依据相关优惠政策新增了相关列。在这里不做过多阐释，我们主要以企业所得税年度申报表的变化为例进行相关说明。

2. 企业所得税年度申报表的新变化

根据2020年12月30日发布的《国家税务总局关于修订企业所得税年度纳税申报表的公告国家税务总局公告》（2020年第24

号）中，企业所得税年度申报表出现的变化主要集中在以下方面。

企业所得税年度申报表共调整了13张表单，其中对11张表单样式及其填报说明进行调整，对2张表单仅修改了填报说明。

（1）调整《企业所得税年度纳税申报基础信息表》(A000000)

其一，调整适用于填报享受境外所得免征企业所得税的企业。将“203选择采用的境外所得抵免方式”改为“203-1选择采用的境外所得抵免方式”，同时新增“203-2海南自由贸易港新增境外直接投资信息”。

其二，调整适用于集成电路与软件产业。在“209集成电路生产项目类型”下新增28纳米选项，同时调整“208软件、集成电路企业类型”的填报说明。

其三，调整“107适用会计准则和制度”的填报说明，在《会计准则或会计制度类型代码表》中新增“800政府会计准则”。

（2）调整《纳税调整项目明细表》(A105000)

适用于金融企业用于填报准备金纳税调整情况。在原《特殊行业准备金及纳税调整明细表》(A105120）第39行“特殊行业准备金”项目中新增保险公司、证券行业、期货行业、中小企业融资（信用）担保机构相关行次。

（3）调整《贷款损失准备金及纳税调整明细表》(A105120)

将《特殊行业准备金及纳税调整明细表》(A105120）调整为《贷款损失准备金及纳税调整明细表》(A105120)。缩小了原填报范围，仅适用于发生贷款损失准备金的金融企业、小额贷款公司的纳税人填报。同时取消其中保险公司、证券行业、期货行业、中小企业融资（信用）担保机构行次。

（4）调整《资产损失税前扣除及纳税调整明细表》（A105090）

结合原《特殊行业准备金及纳税调整明细表》（A105120）修订情况，进一步明确数据项填报口径。例如，将第一列名称修改为“资产损失直接计入本年损益金额”，新增第2列“资产损失准备金核销金额”和第18行“贷款损失”。

（5）调整《捐赠支出及纳税调整明细表》（A105070）表单结构

对于“扶贫捐赠”“北京2022年冬奥会、冬残奥会、测试赛捐赠”“杭州2022年亚运会捐赠”等全额扣除政策的填报，通过填报事项代码的方式满足填报需要。

（6）调整《资产折旧、摊销及纳税调整明细表》（A105080）

适用于海南自由贸易港企业固定资产，特殊时期物资生产企业设备所涉及的资产折旧、摊销及优惠统计情况。

《财政部 税务总局关于支持新型冠状病毒感染的肺炎疫情防控有关税收政策的公告》（2020年第8号）和《财政部 税务总局关于海南自由贸易港企业所得税优惠政策的通知》（财税〔2020〕31号）中新增“海南自由贸易港企业固定资产加速折旧”、“疫情防控重点保障物资生产企业单价500万元以上设备一次性扣除”、“海南自由贸易港企业固定资产一次性扣除”、“海南自由贸易港企业无形资产加速摊销”、“海南自由贸易港企业无形资产一次性摊销”等规定。

（7）调整《企业所得税弥补亏损明细表》（A106000）

涉及电影行业企业、集成电路与软件企业，纳税人可根据最新政策规定填报。

《财政部 税务总局关于电影等行业税费支持政策的公告》（2020 年第 25 号）、《财政部 税务总局 发展改革委 工业和信息化部关于促进集成电路和软件产业高质量发展企业所得税政策的公告》（2020 年第 45 号）中新增因合并、分离转入的亏损额可弥补年限为 8 年，更新“弥补亏损企业类型”代码表，增加“线宽小于 130 纳米（含）的集成电路生产企业”和“电影行业企业”选项等规定。

（8）调整《所得税减免优惠明细表》（A107020）

适用于集成电路线宽小于 28 纳米（含 28 纳米，以下简称“含”），且经营期在 15 年以上的集成电路生产企业或项目。

根据《财政部 税务总局 发展改革委 工业和信息化部关于促进集成电路和软件产业高质量发展企业所得税政策的公告》（2020 年第 45 号）规定，新增“线宽小于 28 纳米（含）的集成电路生产项目减免企业所得税”项目，纳税人可根据最新政策进行填报。

（9）调整《减免所得税优惠明细表》（A107040）

适用于上海自由贸易试验区临港新片区（以下称“新片区”）内

重点产业、海南自由贸易港企业和符合条件的公司型创投企业填报。

《财政部 税务总局关于海南自由贸易港企业所得税优惠政策的通知》（财税〔2020〕31号）、《财政部 税务总局关于中国（上海）自贸试验区临港新片区重点产业企业所得税政策的通知》（财税〔2020〕38号）、《财政部 税务总局 发展改革委 工业和信息化部关于促进集成电路和软件产业高质量发展企业所得税政策的公告》（2020年第45号）中新增“上海自贸试验区临港新片区的重点产业企业减按15%的税率征收企业所得税”，“海南自由贸易港鼓励类企业减按15%税率征收企业所得税”，“国家鼓励的集成电路和软件企业减免企业所得税政策”及下级行次等规定。

《财政部 税务总局 发展改革委 证监会关于中关村国家自主创新示范区公司型创业投资企业有关企业所得税试点政策的通知》（财税〔2020〕63号）中增加了“符合条件的公司型创投企业按照企业年末个人股东持股比例减免企业所得税”行次的表述。

（10）调整《软件、集成电路企业优惠情况及明细表》（A107042）

新政对此表单进行了精减，由原来的22项压缩减至11项。纳税人可以根据相应政策进行填报。

（11）调整《境外所得纳税调整后所得明细表》（A108010）

适用于填报海南自由贸易港企业新增境外直接投资所得免税政策有关情况。新增“海南自由贸易港企业新增境外直接投资所得”部分。

同时，新的企业所得税申报表的变化还包含主表《中华人民共和国企业所得税年度纳税申报表（A 类）》（A100000）和一级附表《境外所得税税收抵免明细表》（A108000）相关数据项的填报说明进行了修改。

企业所得税年度申报表适用于 2020 年度及以后年度企业所得税汇缴清算纳税申报，即不追溯调整。

【税筹实战练习】

根据以上所学，判断你的企业能否享受企业所得税的优惠新政，思考企业在申报缴纳所得税时，需关注哪些变化。

2.3 个人所得税税收新政

上海某企业的老板张总近日关注到了一则公告，这则公告显示：自2020年11月1日起，企业员工各项社会保险费交由税务部门统一征收。这一税收政策让张总陷入了思考，为了降低社保缴纳基数和个税税负，企业以银行代发加现金的形式发放员工工资，仅以“银行代发”作为社保缴纳基数，避开了现金部分的社保缴纳，减少了企业成本。但按照新的政策规定，由税务部门征收社保、公积金之后，员工的工资总额认定则以社保缴纳基数为依据，企业支付给员工的现金发放部分将不会计入“工资、薪金”等可以抵扣企业所得税的范畴，因此企业在支付所得税时，这部分现金成本便不能扣除，由此变相增加了企业所得税。同时，新的政策规定使社保缴纳基数和员工工资更加透明，若企业不当运用之前的工资发放形式，还有可能会触犯相关法律，引发风险。

老板若不了解个人所得税的变化内容，不知变通，不仅不能为企业节约成本，反而有可能会涉及法律风险。因此，明确个人所得税法的变化内容，对于老板合法开展纳税筹划具有指导意义。

2.3.1 个人所得税的新变化

2018 年 12 月 31 日，第十三届全国人大常委会决定通过了《关于修改〈中华人民共和国个人所得税法〉决定》，发布的《中华人民共和国个人所得税法》（以下简称“个人所得税法”）自 2019 年 1 月 1 日起实施。

1. 确立综合所得与经营所得项目

实施条例中的所得由之前的 11 项减并至 6 项，并将工资、薪金所得，劳务报酬所得，稿酬所得，特许权使用费所得归为综合所得，且将个体工商户的生产经营所得、企业事业单位的承包经营(除去工资薪金)、承租经营所得统一调整为经营所得。

2. 提高个人所得税起征点，新增专项附加扣除

将个人所得税起征点提高至每月 5000 元，税法中新增专项附加扣除，即子女教育、继续教育、大病医疗、住房贷款利息或者住房租金、赡养老人等支出。

3. 明确依法确定的其他扣除

依法确定的其他扣除包含商业健康保险、个人税收递延型商业养老保险、企业年金和职业年金等。

4．优化税率结构

拉长综合所得适用税率，拉长3%、10%、20%税率级距，相应缩小20%税率级距，维持30%、35%、45%税率级距不变。在经营所得适用税率中依然维持5%～35%税率不变，大幅拉长各级税率级距。

新税法下个人所得税税率表（按年、月缴纳）（综合所得适用）如表2-7所示。

表2-7　个人所得税税率表（按年、月缴纳）（综合所得适用）

级数	全年应纳税所得额	全月应缴纳所得额	税率（%）
1	不超过36000元的部分	不超过3000元的	3
2	超过36000元至144000元的部分	超过3000元至12000元的部分	10
3	超过144000元至300000元的部分	超过12000元至25000元的部分	20
4	超过300000元至420000元的部分	超过25000元至35000元的部分	25
5	超过420000元至660000元的部分	超过35000元至55000元的部分	30
6	超过660000元至960000元的部分	超过55000元至80000元的部分	35
7	超过960000的部分	超过80000元的部分	45

个人所得税税率（经营所得适用）如表 2-8 所示。

表 2-8　个人所得税税率表
（经营所得适用）

级数	全年应纳税所得额	税率（%）	速算扣除数（单位：元）
1	不超过 30000 元的	5	0
2	超过 30000 元至 90000 元的部分	10	1500
3	超过 90000 元至 300000 元的部分	20	10500
4	超过 300000 元至 500000 元部分	30	40500
5	超过 500000 元部分	35	65500

2.3.2 个人所得税专项附加扣除

2018 年 12 月 31 号发布的《中华人民共和国个人所得税法》新增了专项附加扣除，且对企业做出了相关规定：员工向企业提交专项附加扣除信息的，企业应当按照规定给予扣除，不得拒绝。

明确个人所得税专项附加扣除内容，是老板的必修课程，也是依法履行扣缴义务的基础。专项附加扣除是指包括子女教育、继续教育、大病医疗、住房贷款利息或者住房租金、赡养老人等支出。

1. 子女教育

根据《中华人民共和国个人所得税专项附加扣除暂行办法》的规定，纳税人的子女接受全日制学历教育的相关支出，按照每个子女每月1000元的标准定额扣除。其中学历教育包含义务教育（小学、初中教育）、高中阶段教育（普通高中、中等职业、技工教育）、高等教育（大学专科、大学本科、硕士研究生、博士研究生教育）。

学历教育从小学到博士研究生教育，基本贯穿了个人整个完整接受教育的阶段。那么有人可能会问，子女的学前教育能否进行专项附加扣除？政策也明确表示，年满3岁至小学入学前所处的学前教育阶段的子女同样适用该项政策。父母可以选择由其中一方按扣除标准的100%扣除，也可以选择由双方分别按扣除标准的50%扣除，具体扣除方式在一个纳税年度内不能变更。

若纳税人子女在中国境外接受教育的，纳税人应当留存境外学校录取通知书、留学签证等相关教育的证明资料备查。

2. 继续教育

纳税人在中国境内接受学历（学位）继续教育[①]的支出，在学历（学位）教育期间按照每月400元定额扣除。同一学历（学位）继续教育的扣除期限不能超过48个月。纳税人接受技能人员职业资格继续教育、专业技术人员职业资格继续教育的支出，在取得相关证书的当年，按照3600元定额扣除。

个人接受本科及以下学历（学位）继续教育，符合相关规定扣

① 指已经脱离正规教育，已参加工作和负有成人责任的人所接受的各种各样的教育。

除条件的，可以选择由其父母扣除，也可以选择由本人扣除。

3. 大病医疗

在一个纳税年度内，纳税人发生的与基本医保相关的医药费用支出，扣除医保报销后个人负担（指医保目录范围内的自付部分）累计超过15000元的部分，由纳税人在办理年度汇缴清算时，在80000元限额内据实扣除。

纳税人发生的医药费用支出可以选择由本人或者其配偶扣除；未成年子女发生的医药费用支出可以选择由其父母一方扣除。

4. 住房贷款信息

纳税人本人或者配偶单独或者共同使用商业银行或者住房公积金个人住房贷款为本人或者其配偶购买中国境内住房，发生的首套住房贷款利息支出，在实际发生贷款利息的年度，按照每月1000元的标准定额扣除，扣除期限最长不超过240个月。纳税人只能享受一次首套住房贷款的利息扣除。经夫妻双方约定，可以选择由其中一方扣除，具体扣除方式在一个纳税年度内不能变更。

若夫妻双方在婚前分别购买首套房并发生贷款，其贷款利息支出，婚后可选择其中一套购买的住房，由购买方按扣除标准扣除，也可由夫妻双方对各自购买的住房分别按照50%的扣除标准扣除，具体扣除方式在一个纳税年度不能变更。

5. 住房租金

纳税人在主要工作城市没有自有住房而发生的住房租金支出，

可根据标准定额扣除：直辖市、省会城市、计划单列市以及国务院确定的其他城市，扣除标准为每月1500元，除上述所列举城市外，市辖区户籍人口超过100万的城市，扣除标准为每月1100元；市辖区户籍人口不超过100万的城市，扣除标准为每月800元。

夫妻双方主要工作城市相同的，只能由一方扣除住房租金支出，且由签订租赁住房合同的承租人扣除。纳税人及其配偶在一个纳税年度内不能同时分别享受住房贷款利息和住房租金专项附加扣除。税人及其配偶在一个纳税年度内不能同时分别享受住房贷款利息和住房租金专项附加扣除。

6. 赡养老人

纳税人赡养一位及以上被赡养人的赡养支出，统一按照标准定额扣除。纳税人为独生子女的，按照每月2000元的标准定额扣除。

纳税人为非独生子女的，由其与兄弟姐妹分摊每月2000元的扣除额度，每人分摊的额度不能超过每月1000元。可以由赡养人均摊或者约定分摊，也可以由被赡养人指定分摊。约定或者指定分摊的须签订书面分摊协议，指定分摊优先于约定分摊，具体分摊方式和额度在一个纳税年度内不能变更。

其中，所指的被赡养人指年满60岁的父母，以及子女均已去世的年满60岁的祖父母、外祖父母。

2.3.3 个人所得税的优惠新政

某老板在2020年底发放年终奖时，认为甲表现较好，于是给甲发放了36000元的奖金，同时老板认为员工乙在整年中表现得比甲更加突出，因此老板给乙发放了38000元的年终奖金。但发完年终奖后，乙来找老板理论，称这一年来无论是数据还是其他方面都表现得比甲优秀，为什么最终却比甲拿到的奖金要少？对此，老板非常诧异，明明给乙发得多，为什么会拿得少呢？最终咨询企业会计后发现，根据个人所得税税收等级，甲的年终奖需缴纳个人所得税1080元，而乙的年终奖需要缴纳个人所得税3590元，扣完个人所得税后，导致最终乙比甲少510元。老板因不了解个人所得税税收新政而误入了“陷阱”，好心办了坏事。

对于老板而言，了解个人所得税最新优惠政策，为员工进行有效的个人所得税纳税筹划，不仅能减少企业运营成本，改进企业运营管理，还能提升员工的积极性。

2018～2020年，个人所得税税收优惠新政主要体现在以下7个方面。

1. 调整个人所得税起征点与税率

2018年8月31日，修改个人所得税法的决定通过，起征点为每月5000元，2018年10月1日起实施最新起征点和税率政策。新的个人所得税上调为每月5000元，换算成年收入为每年6万元。

老板作为员工个人所得税扣缴义务人时，或个人独资企业（个体户)、合伙企业在缴纳个人经营所得税时，需要明确新的起征点政策。

2. 中小企业股份转让政策

根据《财政部 税务总局 证监会关于继续实施全国中小企业股份转让系统挂牌公司股息红利差别化个人所得税政策的公告》(财政部 税务总局公告2019年第78号）规定，个人持有挂牌公司的股权，若持股期限超过一年，则对股息红利所得暂免征收个人所得税。

个人持有挂牌公司的股票，持股期限在1个月以内（含1个月）的，其股息红利所得全额计入应纳税所得额；持股期限在1个月以上至1年（含1年）的，挂牌公司派发股息红利时，对截止股权登记日个人持股1年以内（含1年）且尚未转让的，挂牌公司暂不扣缴个人所得税，待转让股票时，再根据持股期限计算应纳税额。其股息红利所得暂减按50%计入应纳税所得额，适用税率20%的计征个人所得税。

3. 保险营销人员、证券经纪人佣金收入政策

根据《财政部 国家税务总局关于个人所得税法修改后有关优惠政策衔接问题的通知》(财税〔2018〕164号）文件规定，对保险营销员、证券经纪人取得的佣金收入，扣缴单位应当按照累计预扣法计算预扣个人所得税。

以不含增值税的收入减除20%的费用后的余额，再减去展业成本以及附加税费后，并入当年综合所得，计算个人所得税。其中，展业成本按照不含增值税的佣金收入减除 20% 费用后余额的 25% 计算。

之前，保险营销员起征点是 0 元，有收入就要缴纳所得税，而新税法实施之后保险营销员、证券经纪人适用 5000 元的纳税起征点。新税法的实施大大降低了保险营销员、证券经纪人个人所得税缴纳额。

4. 全年一次性奖金

根据新税法明确通知，居民个人取得的一次性奖金，符合相关规定的，在 2021 年 12 月 31 日以前不并入个人所得税中的综合所得。将全年一次性奖金按月换算，确定应缴税额，根据税率表单独计算应缴税额。

自 2022 年 1 月 1 日起，居民个人取得全年一次性奖金，应并入当年综合所得计算缴纳个人所得税。

5. 解除劳动关系、提前退休的一次性补偿收入的政策

根据《财政部 国家税务总局关于个人所得税法修改后有关优惠政策衔接问题的通知》（财税〔2018〕164 号）规定，个人与用人单位解除劳动关系取得一次性补偿收入（包括用人单位发放的经济补偿金、生活补助费和其他补助费），在当地上年员工平均工资 3 倍数额以内的部分，免征个人所得税；超过 3 倍数额的部分，不并入当年综合所得，单独适用综合所得税率表，计算纳税。

个人办理提前退休手续而取得的一次性补贴收入，应按照办理提前退休手续至法定离退休年龄之间实际年度数平均分摊，确定适用税率和速算扣除数，单独适用综合所得税率表，计算纳税。

计算公式：应纳税额 ={〔（一次性补贴收入办理提前退休手续至法定退休年龄的实际年度数）－费用扣除标准〕× 适用税率－速算扣除数}× 办理提前退休手续至法定退休年龄的实际年度数。

6. 关于单位低价向员工售房的政策

单位按低于购置或建造成本价格出售住房给员工，员工因此而少支出的差价部分，符合《财政部 国家税务总局关于单位低价向员工售房有关个人所得税问题的通知》（财税〔2007〕13 号）第二条规定的，不并入当年综合所得，以差价收入除以 12 个月得到的数额，按照月度税率表确定适用税率和速算扣除数，单独计算纳税。

计算公式：应纳税额＝员工实际支付的购房价款低于该房屋的购置或建造成本价格的差额 × 适用税率－速算扣除数。

7. 企业年金

个人达到国家规定的退休年龄，领取的企业年金、职业年金，符合《财政部 人力资源社会保障部 国家税务总局关于企业年金职业年金个人所得税有关问题的通知》（财税〔2013〕103 号）规定的，不并入综合所得，全额单独计算应纳税款。其中按月领取的，适用月度税率表计算纳税；按季领取的，平均分摊计入各月，按每月领取额适用月度税率表计算纳税；按年领取的，适用综合所得税率表计算纳税。

个人因出境定居而一次性领取的年金个人账户资金，或个人死亡后，其指定的受益人或法定继承人一次性领取的年金个人账户余额，适用综合所得税率表计算纳税。对个人除上述特殊原因外一次性领取年金个人账户资金或余额的，适用月度税率表计算纳税。

【税筹实战练习】

思考：伴随个人所得税税收新政实施，作为员工个人所得税的扣缴义务人，企业需关注哪些变化？

2.4 其他税种税收新政

对老板而言，了解其他税种税收政策的变化与增值税、所得税同等重要。它能帮助老板在进行纳税筹划时统领全局，更加系统科学地进行纳税筹划。

2018～2020 年期间，主要有印花税、车船税和契税这 3 个税种发生了较大的变化。

2.4.1 印花税税收新政

印花税是一个小税种，但因其贯穿在企业经营活动中的各个环节，例如，合同的订立、产权的转移等与企业经营息息相关，因此印花税也是老板关注的税种之一。

2021 年 1 月 4 日，国务院常务会议通过了《中华人民共和国印花税法（草案）》（以下简称草案）。对于老板来说，需要关注以下 3 个方面的变化。

1. 印花税立法总体保持现行税制不变

根据印花税暂行条例长期以来实践经验的总结，印花税立法总体保持现行税制不变，并将其纳入税收法律规范。

2. 炒股纳税有法可依

此次草案将证券交易印花税纳入法律规范，让企业证券交易行为有法可依，其税率为成交金额的1‰。

3. 减并税目，降低部分税率

同时草案规定取消许可证照等印花税项目。另外，货物运输合同、加工承揽、建设工程勘察设计由原来暂行条例中的0.5‰下降到0.3‰，营业账簿中的实收资本（股本）、资本公积金合计金额的由原来暂行条例中的0.5‰，下降到0.25‰。

2.4.2 车船税免税新政

近年来，国家对车船税的免税政策主要集中在节能减排相关项目中，因此从事相关行业的老板需关注以下政策。

《财政部 税务总局 工业和信息化部 交通运输部关于节能 新能源车船享受车船税优惠政策的通知》（财税〔2018〕74号）（以下简称通知），对车船税税收做出了以下优惠。车船税税收减免政策依据如图2-7所示。

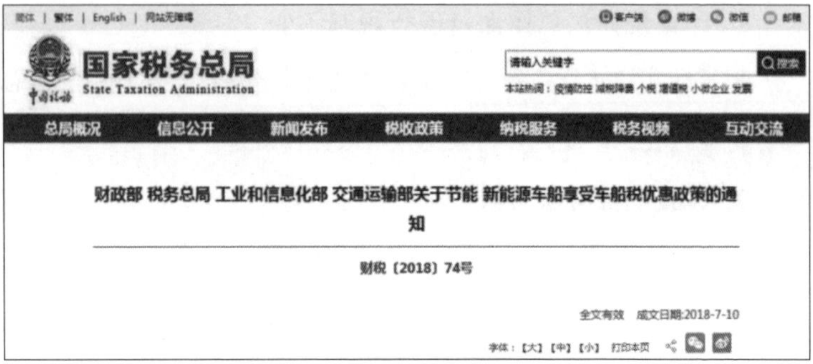

图 2-7 车船税税收减免政策依据

车船税税收优惠主要集中在以下两个方面。

1. 对节能汽车减半征收车船税

根据通知，减半征收车船税的节能乘用车与商用车需符合的标准如表 2-9 所示。

表 2-9 减半征收车船税的节能乘用车与商用车需符合的标准

减征类型	需符合的标准
减半征收车船税的节能乘用车	获得许可在中国境内销售的排量为 1.6 升以下（含 1.6 升）的燃用汽油、柴油的乘用车（含非插电式混合动力、双燃料和两用燃料乘用车）
	综合工况燃料消耗量应符合标准
减半征收车船税的节能商用车	获得许可在中国境内销售的燃用天然气、汽油、柴油的轻型和重型商用车（含非插电式混合动力、双燃料和两用燃料轻型和重型商用车）
	燃用汽油、柴油的轻型和重型商用车综合工况燃料消耗量应符合标准

2. 对新能源车船免征车船税

免征车船税的新能源汽车是指纯电动商用车、插电式（含增程式）混合动力汽车以及燃料电池商用车。纯电动乘用车和燃料电池乘用车不属于车船税征税范围，对其不征车船税。免征车船税的新能源汽车与新能源船舶应符合的标准如表 2-10 所示。

表 2-10　免征车船税的新能源汽车与新能源船舶应符合的标准

减征类型	需符合的标准
免征车船税的新能源汽车	1. 获得许可在中国境内销售的纯电动商用车、插电式（含增程式）混合动力汽车、燃料电池商用车 2. 符合新能源汽车产品技术标准 3. 通过新能源汽车专项检测，符合新能源汽车标准 4. 新能源汽车生产企业或进口新能源汽车经销商在产品质量保证、产品一致性、售后服务、安全监测、动力电池回收利用等方面符合相关要求
免征车船税的新能源船舶	船舶的主推进动力装置为纯天然气发动机。发动机采用微量柴油引燃方式且引燃油热值占全部燃料总热值的比例不超过 5% 的，视同纯天然气发动机

截至 2020 年 6 月 5 日，第 16 批相关符合的型号公告已经公布，老板可自行查看。

2.4.3 契税新政

根据 2018 年 3 月 2 日发布的关于《财政部　税务总局关于继续支持企业　事业单位改制重组有关契税政策的通知》（财税〔2018〕

17号）中，对于企事业单位改制重组有关契税实行了相应的优惠政策，如表2-9所示。

表2-9　关于企业改制重组有关契税的优惠政策

改制重组类型	相关契税优惠政策
企业改制	企业按照《中华人民共和国公司法》有关规定整体改制，包括非公司制企业改制为有限责任公司或股份有限公司，有限责任公司变更为股份有限公司，股份有限公司变更为有限责任公司，原企业投资主体存续并在改制（变更）后的公司中所持股权（股份）比例超过75%，且改制（变更）后公司承继原企业权利、义务的，对改制（变更）后公司承受原企业土地、房屋权属，免征契税
公司合并	企业按照《中华人民共和国公司法》有关规定整体改制，包括非公司制企业改制为有限责任公司或股份有限公司，有限责任公司变更为股份有限公司，股份有限公司变更为有限责任公司，原企业投资主体存续并在改制（变更）后的公司中所持股权（股份）比例超过75%，且改制（变更）后公司承继原企业权利、义务的，对改制（变更）后公司承受原企业土地、房屋权属，免征契税
公司分立	公司依照法律规定、合同约定分立为两个或两个以上与原公司投资主体相同的公司，对分立后公司承受原公司土地、房屋权属，免征契税
资产划转	同一投资主体内部所属企业之间土地、房屋权属的划转，包括母公司与其全资子公司之间，同一公司所属全资子公司之间，同一自然人与其设立的个人独资企业、一人有限公司之间土地、房屋权属的划转，免征契税； 母公司以土地、房屋权属向其全资子公司增资，视同划转，免征契税
公司股权（股份）转让	在股权（股份）转让中，单位、个人承受公司股权（股份），公司土地、房屋权属不发生转移，不征收契税

2020 年 8 月 11 日相关部门颁布了《中华人民共和国契税法》，让企业的相关经营活动变得有法可依。该法自 2021 年 9 月 1 日期实施，契税税率为 3%～5%，契税的具体适用税率，由省、自治区、直辖市人民政府在规定的税率浮动范围内提出，省、自治区、直辖市可以依照规定的程序对不同的主体、不同地区、不同类型的住房的权属转移确定差别税率。

2.4.4 城市维护建设税新政

《中华人民共和国城市维护建设税法》自 2021 年 9 月 1 日起实施。

该法中的税率规定：纳税人所在地在市区的，税率为 7%；纳税人所在地在县城、镇的，税率为 5%；纳税人所在地不在市区、县城或者镇的，税率为 1%。

【税筹实战练习】

《中华人民共和国城市维护建设税法》与《中华人民共和国契税法》的颁布对于企业来说具有什么意义？企业的经营行为会发生怎样的变化？

第 3 章
更新换代有点儿快：增值税纳税筹划

增值税是企业税收成本的重要组成部分，体现在企业经营管理的各个环节和方方面面。伴随增值税税收新政的出台，企业纳税筹划也有了新的方向和规划。本章将从灵活运用纳税人身份、运用税收优惠政策、学会“转变”三个思路，全面解锁增值税节税新技能。

3.1 灵活运用纳税人身份

增值税纳税主体可以分为一般纳税人与小规模纳税人，它们适用的税率也具有较大差异，小规模纳税人通常适用3%的征收率，而一般纳税人通常适用13%、9%、6%三档税率，同时可以进行进项税抵扣。

通过将两者比较，可以发现：若企业可抵扣的进项税额较少时，在同等应税额情况下选择小规模纳税人的身份缴纳增值税税率比运用一般纳税人身份缴纳增值税税率低。因而，灵活运用纳税人身份进行纳税筹划，实则就是利用小规模纳税人与一般纳税人之间的税率差，将一般纳税人转换成小规模纳税人或利用小规模纳税人的简易计税方法。

那么，这种转化是无条件的吗？在什么情况下可以灵活转化，获得差异下的减负？通常情况下，当企业可抵扣的进项税额较少，增值税赋税压力较大时，老板可以根据自身情况通过以下两种方式灵活运用纳税人身份，获得税收优惠。

3.1.1 一般纳税人转变为小规模纳税人

老板可以通过企业分立将一般纳税人转变为小规模纳税人。那么，什么是企业分立？所谓分立，是指一个企业依照有关法律、法规的规定，分立为两个或两个以上的企业的法律行为。对于规模较大，且符合一般纳税人条件的企业，若满足企业分立经营的条件，那么可以考虑通过企业分立的形式将企业转变为小规模纳税人。

例1：

A企业为一般纳税人，年应纳增值税销售额为880万元，适用增值税税率13%。企业准予从销项税中抵扣的进项税额较少，占销项税额的20%，因此企业的增值税负担较重，那么对A企业进行纳税筹划。

首先将A企业注销，同时成立新的B、C企业承接A企业的业务，或者保留A企业，并成立新的B企业，将A企业的一半业务转移给B企业经营。

这样两家企业的年应税销售额均为440万元，且符合小规模纳税人的条件。以小规模纳税人的身份，适用3%的征收率，利用简易纳税法计算两家企业年应缴纳增值税额：440×3%×2=26.4（万元）。

在未进行纳税筹划时，原A企业应缴增值税额：880×13%×(1−20%)=91.52（万元）。

通过增值税纳税筹划A企业每年减少赋税：91.52−26.4=65.12（万元）。

同时也可以通过将分公司改制为子公司的形式，利用子公司必须独立核算的要求，将企业转变为小规模纳税人。

例 2：

甲企业为一般纳税人，是一家餐饮连锁企业，下设100家分公司，各家分公司的年销售额为500万元，准予从销项税中抵扣的进项税额较少，增值税税收负担率约为5%，且每年增值税采取总公司核算清缴。

在进行纳税筹划之前企业年缴纳增值税：500×100×5%=2500（万元）。

将甲企业下设分公司改制为子公司，且保持每家公司的年销售额不超过500（此处为方便计算设定）万元。那么每个子公司作为小规模纳税人，适用3%的征收率，每家企业年应缴纳增值税为15万元（500×3%），企业每年缴纳增值税：15×100=1500（万元）。

通过纳税筹划，甲企业每年可以减少增值税赋税：2500−1500=1000（万元）。

3.1.2 一般纳税人选择简易计税方法

除了通过企业分立等形式将一般纳税人转变为小规模纳税人进行纳税筹划，获得税率差优惠，老板还可以通过利用一些特殊行业的相关规定，选择小规模纳税人适用的简易计税方法获得税率差优惠。

通常情况下，小规模纳税人适用简易计税法，一般纳税人适用一般计税法。但在一些特殊行业中，一般纳税人也可以选择适用简易计税法。

根据《财政部 国家税务总局关于全面推开营业税改征增值税试点的通知》（财税〔2016〕36号）附件2《营业税改征增值税试点有关事项的规定》，一般纳税人发生下列应税行为可以选择简易计税方法计税。一般纳税人选择适用简易计税方法计税的行为及具体解释，如表3-1所示。

表3-1　一般纳税人选择适用简易计税方法计税的行为及具体解释

一般纳税人适用简易计税方法计税的行为	具体解释
公共交通运输服务	公共交通运输服务，包括轮客渡、公交客运、地铁、城市轻轨、出租车、长途客运、班车； 班车是指按固定路线、固定时间运营并在固定站点停靠的运送旅客的陆路运输服务
动漫产业相关服务	经认定的动漫企业为开发动漫产品提供的动漫脚本编撰、形象设计、背景设计、动画设计、分镜、动画制作、摄制、描线、上色、画面合成、配音、配乐、音效合成、剪辑、字幕制作、压缩转码（面向网络动漫、手机动漫格式适配）服务，以及在境内转让动漫版权（包括动漫品牌、形象或者内容的授权及再授权）

（续）

一般纳税人适用简易计税方法计税的行为	具体解释
其他相关服务	电影放映服务、仓储服务、装卸搬运服务、收派服务和文化体育服务； 以纳入“营改增”试点之日前取得的有形动产为标的物提供的经营租赁服务； 在纳入“营改增”试点之日前签订的尚未执行完毕的有形动产租赁合同

因此，以上所列行业的老板若可抵扣的进项税额较少，那么可以选择使用简易计税方法，将增值税赋税率保持在3%，为企业降低税负。

以动漫产业为例，为企业进行纳税筹划。

例3：

甲企业为一般纳税人，是一家经认定的动漫企业，主要从事动漫产品开发和为开发的动漫产品提供形象设计和动画制作，适用税率6%。甲企业2020年的销售额为6000万元（不含税），企业每年可以抵扣的进项税额较少，增值税赋税率为4.9%。

现将甲企业增值税缴纳进行纳税筹划：甲企业符合相关规定且可以抵扣的进项税较少，增值税赋税率较重，因此可以选择采用简易计税法，适用3%的征收率。

采用简易计税法计算出的甲企业2020年度需缴纳增值税额：

6000×3%=180（万元）。

按照一般计税法计算出的甲企业2020年度需缴增值税额：6000×4.9%=294（万元）。

通过纳税筹划，甲企业每年减少增值税赋税：294−180=114（万元）。

【税筹实战练习】

以下哪些行业的一般纳税人可以选择简易计税方法进行纳税筹划？

A. 仓储行业

B. 动漫形象设计行业

C. 体育服务业

D. 装卸搬运服务业

答案：A B C D

3.2 运用税收优惠政策

“双十一”，拼的不仅是手速，还有数学。同样一种打折方式，若选择的购买方式不同，最终获得的优惠也相差甚远。同样的道理，对于老板来说，如何选择税收优惠政策，才能最大限度地享受税收优惠红利，也是一门大的学问。

税收优惠主要针对特殊行业、特定人群以及特定条件下的应税项目采用不同的税率。不同的优惠政策就像一顶顶帽子，适合不同的企业佩戴，老板应结合实际情况，采用“戴帽子”的方式，为应税行为寻找最优惠的“帽子”。

3.2.1 运用“近亲属赠予住房”免征增值税

根据《财政部 国家税务总局关于全面推开营业税改征增值税试点的通知》（财税〔2016〕36 号）、《财政部 国家税务总局关于个人无偿受赠房屋有关个人所得税问题的通知》（财税〔2009〕78

号）中的规定，个人无偿赠予近亲，即配偶、父母、子女、祖父母、外祖父母、孙子女、外孙子女、兄弟姐妹的不动产，免征增值税、个人所得税。因此，个人可以通过巧用近亲亲属赠予住房免征增值税，以此来减少税负。

例如，李总想为女儿在北京购买一套住房，因其无北京户籍，而且在京工作年限不够（只有4年），暂时不具备北京购房的条件，便用哥哥（有北京户籍）的名义，以700万元的价款购买了住房，等到一年以后女儿具备北京购房资格，将房子从哥哥名下过户到女儿名下。

一年后该套住房市场估价800万元（含增值税），按照原有的方式过户，哥哥需缴纳的增值税：800/（1+5%）×5%=38.1（万元）；需要缴纳城市维护建设税、教育费附加和地方教育费附加：38.1×（7%+3%+2%）=4.57（万元）。

李总的女儿需要缴纳契税：800/（1+5%）×3%=22.86（万元）；需要缴纳个人所得税：[800/（1+5%）−22.86]×20%=147.81（万元）。

总计赋税：38.1+4.57+22.86+147.81=213.34（万元）。

运用近亲属赠予住房免征增值税进行纳税筹划：建议让李总的哥哥将住房赠予李总（兄弟间赠予），然后李总将住房赠予自己的女儿，那么通过近亲赠予免征增值税和个人所得税，那么只需缴纳两次契税。

将房产赠予李总时需要缴纳契税：800/（1+5%）×3%=22.86（万元）。

李总将住房赠予女儿时，女儿需要缴纳的契税：800/（1+5%）×3%=22.86（万元）。

总计赋税：22.86×2=45.72（万元）。

与原来相比，减少赋税：213.34−45.72=167.62（万元）。

3.2.2 运用“个人买卖金融商品”免征增值税

根据《财政部 国家税务总局关于全面推开营业税改征增值税试点的通知》（财税〔2016〕36 号）附件 3《营业税改征增值税试点过渡政策的规定》，对于个人从事金融商品的转让业务免征增值税。因此，想从事或正在从事相关金融行业的老板可以进行纳税筹划。

例如，高总打算成立一家主要从事外汇、有价证券、非货物期货和其他金融商品买卖有关业务的企业。预计年应税销售额为 900 万元，适用税率 6%，可抵扣的进项税额较少（可忽略不计），因此需缴纳的增值税：900×6%=54（万元）。

运用个人买卖金融商品免征增值税进行纳税筹划：因相关政策表示对于个人买卖金融商品免征增值税，因此高总可以成立一家个体工商户从事上述金融商品方面的买卖，这样每年可以减少约 54 万元的增值税赋税。

3.2.3 运用“持有满两年转让住房”免征增值税

根据《财政部 国家税务总局关于全面推开营业税改征增值税试点的通知》（财税〔2016〕36号）中的相关规定，对北京、上海、广州和深圳之外的非一线城市，规定个人将购买不足两年的住房对外销售的，按照5%的征收率全额缴纳增值税；个人将购买两年以上（含两年）的住房对外销售的，免征增值税。

北上广深四城市规定个人将购买不足两年的住房对外销售的，按照5%的征收率全额缴纳增值税；个人将购买两年以上（含两年）的非普通住房对外销售的，以销售收入减去购买住房价款后的差额按照5%的征收率缴纳增值税；个人将购买两年以上（含两年）的普通住房对外销售的，免征增值税。那么，在这种情况下可以利用持有两年转让住房免征增值税的相关政策进行纳税筹划。

例如，老板王总是湖北人，在上海打拼多年，2019年6月花费450万元在上海购买了一套普通住房（面积88平方米），但因为企业2020年6月接了一笔大订单，急需流动资金，因此王总打算将自己的住房以总价款500万元出售给张总。

进行纳税筹划前，因住房持有不满两年，王总需要全额缴纳增值税及附加税：500/（1+5%）×5%=23.81（万元），23.81×（7%+3%+2%）=2.86（万元），在不考虑其他税收的情况下，王总应该承担增值税赋税：23.81+2.86=26.67（万元）。

运用持有满两年转让住房免征增值税进行纳税筹划：建议王总

将房屋继续持有满两年后出售，这样可以免征增值税及附加，节省增值税赋税 26.67 万元。在这期间王总因急需资金，可以与张总签订一份抵押借款协议并办理抵押登记，同时签订一份买卖合同，约定买卖交易时间，具体金额、违约条款等。

3.2.4 运用“学生勤工俭学”免征增值税

根据《财政部 国家税务总局关于全面推开营业税改征增值税试点的通知》（财税〔2016〕36 号）附件 3 第一条第九项规定：学生勤工俭学提供的服务免征增值税。因此，老板可以利用此政策进行纳税筹划。

例如，甲企业为一般纳税人，是一家提供教育服务的企业，通过从高校聘请大学生、研究生为客户提供教育服务。企业年销售额为 1000 万元（含税），适用税率 6%，每年可抵扣的进项税额为 2 万元，给学生发放的劳务费为 700 万元。甲企业年应缴增值税额：1000/（1+6%）×6%−2=54.6（万元）。

巧用学生勤工俭学免征增值税进行纳税筹划：建议甲企业以中介方式经营，即让学生通过勤工俭学的方式直接与客户签订劳动合同为其提供教育服务，同时由客户直接发放给学生劳务费，企业年服务额为 300 万元（含税）。

在经营效益不发生变化的情况下，此时甲企业缴纳增值税：300/（1+6%）×6%−2=14.98（万元）。

与之前相比减轻赋税：54.6−14.98=39.62（万元）。

若该企业长期年服务额在500万元（不含税）以下，也可以采用小规模纳税人身份，缴纳增值税，此处依然以年服务额为300万元（含税）为例，甲企业需缴纳增值税：300/（1+3%）×3%=8.74（万元），与前面相比赋税减少。因此企业在进行纳税筹划时应该根据自身企业状况，灵活运用。

3.2.5 运用“残疾人提供服务”免征增值税

根据《财政部 国家税务总局关于促进残疾人就业增值税优惠政策的通知》（财税〔2016〕52号）和《财政部 国家税务总局关于全面推开营业税改征增值税试点的通知》（财税〔2016〕36号）附件3中的相关规定，残疾人个人提供的加工、修理修配劳务及本人为社会提供的服务免征增值税。

通俗地理解，只对残疾人个人提供的服务免征增值税，若残疾人成立企业，还是会根据企业正常纳税，具体举例说明。

老板龚总身残志坚，早年掌握了一门高超的手艺，因此成立了一家为社会提供相关服务的企业，且广受社会欢迎。企业年销售额为560万元（含税），适用6%的税率，可以抵扣的进项税额为2万元，因此企业年应缴增值税：560/（1+6%）×6%−2=29.7（万元）。

运用残疾人提供服务免征增值税进行纳税筹划：建议龚总将企

业注销，以个人名义为社会提供服务，这样在年销售额不变的情况下，可以减少增值税赋税 29.7 万元。

3.2.6 运用“资产重组”免征增值税

根据《国家税务总局关于纳税人资产重组有关增值税问题的公告》（国家税务总局公告 2011 年第 13 号）和《财政部 国家税务总局关于全面推开营业税改征增值税试点的通知》（财税〔2016〕36 号）中的相关规定，纳税人在资产重组过程中，通过合并、分立、出售、置换等方式，将全部或者部分实物资产以及与其相关联的债权、负债和劳动力一并转让给其他单位和个人，其中涉及的货物转让、不动产、土地使用权转让行为免征增值税。老板若涉及资产重组时，可利用相关优惠政策进行增值税纳税筹划。

例如，甲企业与乙企业因企业经营的需要，拟进行资产互换。涉及不动产、土地使用权以及相关机器设备的转让，总计销售额为 8000 万（不含税）。其中适用税率 13% 的销售额为 3000 万元（不含税），适用税率 9% 的销售额为 5000 万元（不含税）。

甲企业与乙企业原计划所承担的销项税额：3000 × 13%+5000 × 9%=840（万元）。

巧用资产重组免征增值税进行纳税筹划：建议甲企业与乙企业将资产互换设计为资产置换，同时将其相关联的债权、负债和劳动力一并互换，这样其中涉及的货物转让、不动产、土地使用权转让免征增值税，可以减少增值税赋税 840 万元。

3.2.7 运用“生活性服务业”增值税加计抵减

2019 年新规指出，对于生活性服务业纳税人实施加计抵扣政策。纳税人取得的生活性销售额需超过全部销售额比重的 50%。因此，老板可以利用生活性服务业增值税加计抵减政策，进行纳税筹划，具体举例说明。

A 企业为一家平面设计公司（一般纳税人），预计 2021 年年销售额可以实现 6000 万元（不含税），适用税率 6%，可以进行抵扣的进项税额为 216 万元，其中 A 企业提供的生活性销售额占全部销售额的 49.5%。

纳税筹划之前，A 企业未达到相关加计抵减 50% 的要求，因此需缴纳的增值税：6000 × 6%−216=144（万元）。

运用生活性服务业增值税加计抵减进行纳税筹划：建议 A 企业将生活性销售额提升至占全部销售额的 50%，这样就可以享受加计抵扣政策，需缴纳的增值税：6000 × 6%−216（1+15%）=111.6（万元）。这样为企业减少了 32.4 万元（144−111.6=32.4）的增值税赋税。

3.2.8 运用“农产品”优惠政策

根据《中华人民共和国增值税暂行条例》第十五条规定，农业生产者销售的自产农产品免征增值税。老板若从事农产品相关经营，则可以充分利用相关政策进行纳税筹划。具体可尝试以下两种方式。

1. 优选农业生产者为采购对象

依据纳税人购进农业生产者销售自产的免税农业产品可以抵扣进项税额等的相关优惠政策，老板在进行农产品采购时可向农业生产者直接采购。

例如，A 企业是一家星级酒店（一般纳税人），主要提供住宿和餐饮服务。2019 年 6 月，酒店从农贸市场购入一批蔬菜、鸡鸭鱼肉等鲜活农产品（适用 9% 的税率），用于蔬菜的采购支出为 4000 元，鸡鸭鱼肉采购支出为 6000 元，共支付了 10000 元，取得增值税普通发票。在 A 企业进行报税时，发现该项支出无法扣除。

A 购进的为免税农产品，在流通环节无法取得增值税专票，而普通发票又无法作为抵扣凭证，因此这种采购方式实际增加了增值税的赋税。

以农业生产者为采购对象的纳税筹划：建议 A 企业改变采购渠道，从农业生产者手中直接采购，由此可凭借农场或农户开具的农产品收购发票或者销售发票上注明的农产品买价抵扣进项税。

进行纳税筹划后 A 企业可抵扣的增值税进项税额：（4000+6000）×9%=900（元）。

因此，进行纳税筹划后能为 A 企业减少 900 元的赋税（只考虑增值税）。

2. 合理选择企业结构

根据《中华人民共和国增值税暂行条例》第十五条规定，农业生产者销售的自产农产品免征增值税，同时依据纳税人购进农业生产者销售自产的免税农业产品可以抵扣进项税额的政策优惠，老板可以利用该政策进行企业结构的调整，从而达到为企业降低增值税税负并减轻企业现金流量负担的效果，具体通过案例说明。

若甲企业的经营范围既包括农产品生产又包括农产品加工，那么建议甲企业调整产业企业结构，将农场和加工厂调整为两个独立的法人。农场自产自销农产品，满足优惠政策，增值税赋税为零。加工厂直接从农场中购进农产品，可进行进项税抵扣，从整体来看企业减少的增值税赋税就是加工厂提取的进项税额。

【税筹实战练习】

根据以上所学，结合自身判断，企业可以通过哪些方式进行纳税筹划，能减少多少赋税？

减少赋税 是否适用纳税筹划方式	是否可以采用该方式	减少赋税（万元）
运用“近亲属赠予住房”免征增值税		
运用“个人买卖金融商品”免征增值税		
运用“持有满两年转让住房”免征增值税		
运用“学生勤工俭学”免征增值税		
运用“残疾人提供服务”免征增值税		
运用“资产重组”免征增值税		
运用“生活性服务业”增值税加计抵减		
运用“农产品”优惠政策		

3.3 学会“转变”，有效节费

企业在经营过程中，很多应税项目看似泾渭分明，实则却可以相互转化。而转化后的税率看似变化幅度微小，但作用于企业成本中便不可忽视，小则几万元，大则几百万元，再加上日积月累的加持，便成了企业经营中一笔不小的开支。

在现实生活中很多老板往往会忽视“转变”中所蕴含的差异，其实，在进行纳税筹划时，稍微地“转变”一下，便能为企业有效节费。

3.3.1 “实物折扣”转变为“价格折扣”

老板常常通过折扣的方式进行促销，以此达到销售额的增长。例如“买一送一”的促销方式。但值得老板关注的是，将实物折扣转变为价格折扣，能相应地减少企业增值税赋税。

根据《中华人民共和国增值税暂行条例实施细则》第四条规

定，将货物无偿赠送给他人，无论赠送的货物是自己生产的还是委托他人加工的或购进的，均应视同销售货物计算缴纳增值税。换言之，企业以实物折扣的方式赠送给他人的物品，无论会计做何种处理，均需视同销售计算，缴纳增值税额。

例如，客户通过买一送一（实物折扣）的方式，免费得到一件赠送的商品，而对于老板来说，这件免费的商品还需缴纳增值税，类似“赔了夫人又折兵”，这样就会在无形中增加了企业缴纳增值税的负担，但如果老板将这种实物折扣转变为价格折扣就可以完全避免这部分增值税的产生。比如，按照等价的优惠方式，将免费赠送的商品换算成价格折扣。

假设，某企业拟销售一批商品，共 10000 件，每件商品的价格为 100 元（不含税），商品适用税率为 13%，企业通过实物折扣的方式促销，即在购买 100 件商品基础上附赠 10 件商品。预计赠送 1000 件商品（全部 10000 件商品卖完）。

按照原实物折扣计划，自己需额外承担的增值税销项税额：$1000 \times 100 \times 13\% = 13000$（元）。

将实物折扣转变为价格折扣的纳税筹划：在开具发票时，按销售 11000 件商品开具销售数量和金额 1100000 万元（11000×100），然后在同一张发票上的另一行用红字开具折扣 1000 件的折扣金额，100000 万元（1000×100），打折完的金额为 1000000 元。这样该企业就可以减少额外需承担的增值税赋税 13000 元。

3.3.2 “资产转让”转变为“股权转让”

根据《增值税暂行条例》和实施细则以及《财政部 国家税务总局关于全面推开营业税改征增值税试点的通知》(财税〔2016〕36号)等相关规定，股权转让不属于增值税增税范围，不缴纳增值税。因此，老板在进行资产转让时可以通过将资产转让转变为股权转让，具体举例说明。

甲企业因经营需要，拟将名下的部分货物、无形资产、不动产转让给乙企业（不符合资产重组的条件)，甲企业总计算销售额为8000万元，其中适用13%税率的销售额为3000万元（不含税)，适用9%税率的销售额为5000万元（不含税)。

按原计划转让甲公司需缴纳的增值税销项税额：3000×13%+5000×9%=840（万元)。

将资产转让转变为股权转让的纳税筹划：建议甲企业将计划转让给乙企业的货物、无形资产以及不动产出资设立全资子公司丙企业。然后通过丙企业将股权转让给乙企业。这样可以为甲企业减少840万元的增值税赋税。

3.3.3“人”转变为“机器”

将“人”转变为“机器”的纳税筹划是指，若某项工作能由人完成也能由机器取代完成，且在企业支付的工资总额与租赁该机器或购置固定资产的价款额相同的情况下，便可以选择采用机器工作。因为企业发放给员工的工资不能进行进项税抵扣，因此将人工支出转变为租赁支出或固定资产支出，便可以取得增值税专用发票，这样便可以与增值税进项税相抵扣从而达到减少增值税效果，具体通过案例说明。

A 企业为物流企业，人工成本较高，其中某条生产线上的工作也可由机器完成。经过估算该条生产线若采用机器工作，其中设备的租赁开支或机器购置的支出与支付员工的工资成本大体相同，约 6000 万元（含税）。若采用人工作业，企业需缴纳增值税额 1500 万元。

将“人”转变为“机器”的纳税筹划：A 企业将该条生产线上由人工完成的工作全部转变为由机器完成。这样一来，机器设备的租赁开支或机器购置等支出会增加增值税进项税额：6000/(1+13%)×13%=690.27（万元）。

与之前相比，A 企业减少了 690.27 万元的增值税赋税。

3.3.4 通过“转变服务性质”降低税率

一般纳税人不同的应税项目分别适用 13%、9%、6% 不同的税率，老板可以尝试将应税项目进行适当转化，通过不同应税项目税率差达到增值税税收节省。例如，不动产的租赁与仓储、会议等生活服务性质较接近，可以进行适当转化。

例如，A 企业与 B 企业长期保持合作关系，A 企业因经营货物需要，租赁B企业的场地存放货物且与B企业签订不动产租赁合同，年租金为82万元（含税），按照不动产租赁服务开具增值税普通发票，适用增值税税率9%。

在原不动产租赁合同下A企业需缴纳增值税销项税（不考虑其他税）：82/（1+9%）×9%=6.77（万元）。

将租赁服务性质转变为仓储服务性质，从而降低税率：建议A企业与B企业将签订的不动产租赁合同改为B企业为A企业提供仓储服务的合同，这样应税项目适用税率6%，此时A企业的销项税额：82/（1+9%）×6%=4.51（万元）。

与原合同相比，减少销项税额：6.77−4.51=2.26（万元）。

因此老板在签订类似合同时，可以通过转变服务性质来降低企业增值税赋税。

【税筹实战练习】

结合自身企业的经营范围，思考以上4种纳税筹划是否能运用在自己企业相关经营中。

第 4 章

守住利润，才是关键：企业所得税纳税筹划

在不考虑企业所得税之前，企业所得额都只是一个象征性的数字，只有扣除所得税之后才是真正的利润。在收入一定的情况下，老板都希望成本达到最低，实现利润最大化。那么，如何才能减少所得税，守住利润？在本章你将找到答案。

4.1 运用"小型微利企业"税收优惠政策

"小型微利企业的春天来了"，有人这样描述小型微利企业税收优惠的影响，短短几个字却足以可见优惠政策对于小型微利企业的重要意义。小型微利企业作为税收优惠的"宠儿"，享受的减税、免税范围广，力度大。因此，老板要善于运用小型微利企业的优惠政策进行纳税筹划。

4.1.1 "小型微利企业"的定义及筹划方式

根据《企业所得税法实施条例》第 92 条规定，符合条件的小型微利企业是指从事国家非限制和禁止行业，并符合下列条件的企业：

工业企业：年度应纳税所得额不超过 300 万元，从业人数不超过 100 人，资产总额不超过 3000 万元；

其他企业：年度应纳税所得额不超过 300 万元，从业人数不超过 80 人，资产总额不超过 1000 万元。

运用小型微利企业的税收优惠进行纳税筹划的方式主要有 3 种：设立小型微利企业，调整企业结构，调整企业年应税所得额。

1．设立小型微利企业

根据小型微利企业的相关规定，若老板拟设立的企业经营人数、应税所得额与小型微利企业相同且不影响企业经营的情况下，可将拟设立的企业设置为小型微利企业，最大限度地享受小型微利企业的税收优惠。

2．调整企业结构

企业同样可以通过将下设分公司转变为子公司或将部分分支机构设立为子公司的方式，使其转变为符合小型微利企业且有独立纳税资格的企业。

3．调整企业年应税所得额

若一些企业从业人数、资产总额能满足小型微利企业的要求，但年应税所得额不满足条件，且又与规定相差不大，老板便可以通过将年应税所得额进行纳税筹划，从而达到为企业减少赋税的目的。

根据企业所得税税收优惠新政显示：2019 年 1 月 1 日至 2021 年 12 月 31 日，应纳税所得额不超过 100 万元的部分，减按 25% 计入应纳税所得额，按 20% 的税率缴纳企业所得税，对年应纳税所得额超过 100 万元但不超过 300 万元的部分，减按 50% 计入应纳税所得额，按 20% 的税率缴纳企业所得税。

4.1.2 运用小型微利企业的优惠政策进行纳税筹划

假设甲企业下设 A、B、C 三家分公司。年销售额分别为 50 万元、100 万元、160 万元（不含税），因不具备独立纳税的资格，需在总公司进行年度汇算（以下计算均只考虑企业所得税）。

甲企业分公司每年销售额：50+100+160=310（万元），不符合小型微利企业资格，因此甲企业每年应缴企业所得税：310×25%=77.5（万元）。

1. 通过调整企业结构进行纳税筹划

甲企业可以通过将 A、B、C 分公司设立为子公司的形式（经营不会受到影响且符合小型微利企业条件），利用子公司可独立纳税的资格进行纳税筹划。

将 A、B、C 设立为独立子公司后均满足小型微利企业的条件，因此需缴纳的增值税：(50+100+160)×25%×20%=15.5（万元）。

与设立分公司相比，甲企业减少的赋税：77.5−15.5=62（万元）。

2. 通过调整企业年应税所得额进行纳税筹划

假设 A 企业从业人数为 50 人，资产总额为 200 万元，2020 年应税所得额为 330 万元（不含税），因年应税所得额不满足小型微利企业的条件，因此 A 企业每年需缴纳企业所得税：

330×25%=82.5（万元）。

A企业可以通过将2020年应税所得额控制在300万元以内，例如通过适当增加支出，如员工工资、年终奖、购买企业设备等方式。

假设A企业通过增加支出将年应税所得额控制在300万元以内，那么便符合小型微利企业的条件。

因此A企业需缴纳企业所得税：100×25%×20%+（300−100）×50%×20%=25（万元）。

相比纳税筹划之前A企业减少了企业所得税赋税：82.5−25=57.5（万元）。

同时国家对于集成电路、软件企业、高新产业出台了相应的税收优惠，因此老板若从事相关行业，可在不影响企业经营的情况下，尽量满足相关条件，达到资格，以享受税收优惠。若企业经营范围中有涉及这些方面的内容，则可以将这部分的经营内容设为独立的相关企业。

【税筹实战练习】

运用小型微利企业的政策进行纳税筹划的方法有几种？你的企业最适合哪种？

4.2 合理运用“固定资产折旧”

固定资产是企业创造价值的重要工具，如同人一样，它也有自己的使用寿命。随着时间的流逝，固定资产的使用价值也在不断地“打折”，即折旧。固定资产的折旧悄无声息，但却可以通过价值与使用寿命来衡量计算。如何将固定资产折旧合理分摊在经营年限，使其发挥最大的价值，是老板需要思考的问题。

4.2.1 固定资产的折旧方式

以下是根据《财政部 国家税务总局关于扩大固定资产加速折旧优惠政策适用范围的公告》（财政部 税务总局公告 2019 年第 66 号）、《财政部 国家税务总局关于进一步完善固定资产加速折旧企业所得税政策的通知》（财税〔2015〕106 号）、《财政部 国家税务总局关于完善固定资产加速折旧企业所得税政策的通知》（财税〔2014〕75 号）以及《中华人民共和国企业所得税法》中的相关规定归纳整理的关于固定资产折旧的具体方式，如表 4-1 所示。

表 4-1　关于固定资产折旧的具体方式

<table>
<tr><th>符合条件的固定资产</th><th>适用范围</th><th>有无金额限制</th><th>优惠方式</th><th>具体方法说明</th></tr>
<tr><td>技术进步，产品更新换代较快的固定资产</td><td>全行业</td><td>无</td><td>缩短折旧年限或加速折旧</td><td rowspan="4">采取缩短折扣年限方法的，最低折旧年限不得低于企业所得税法相关规定折旧年限的 60%；采取加速折旧方法的，可以采取双倍余额递减法或者年数总和法</td></tr>
<tr><td>专门用于研发的仪器、设备</td><td>全行业</td><td>有</td><td>单位价值不超过 100 万元的，允许一次性计入当期成本费用在计算应纳税所得额时扣除，不再分年度计算折旧；
单位价值超过 100 万元的，可缩短折旧年限或采取加速折旧的方法</td></tr>
<tr><td>固定资产</td><td>全制造行业</td><td>无</td><td>缩短折旧年限或加速折旧</td></tr>
<tr><td>研发、生产经营共用的设备</td><td>小型微利企业</td><td>有</td><td>单位价值不超过 100 万元，允许一次性计入当期成本费用在计算应纳税所得额时扣除，不再分年度计算折旧；
单位价值超过 100 万元的，可缩短折旧年限或采取加速折旧的方法</td></tr>
</table>

同时，根据相关政策，对所有行业企业持有的单位价值不超过5000元的固定资产，允许一次性计入当期成本费用在计算应纳税所得额时扣除，不再分年度计算折旧。

4.2.2 “固定资产折旧”的纳税筹划

合理运用固定资产折旧进行纳税筹划的原理，是通过选择不同折旧方式控制不同时期的企业所得税，从而起到调节企业不同时期现金流的状况。无论采取哪种折旧方式，在不考虑税率调整时，最终的折旧额和缴纳的企业所得税总额都是一样的，只是在折旧的期限内，有的折旧方式令前期少纳税，后期则多纳税。

例如，有的企业成立初期，急需现金流，那么可以选择加速折旧的方法，前期多抵扣企业所得税获得更加宽裕的资金来扩大生产(所列举案例不符合一次性计提条件）。

假设A企业为制造业，在2019年2月购进一台设备，价值90万元，残值为0，预计折旧年限为3年，提取该设备前企业每年的利润总额为200万元，适用所得税税率为25%。

不同的折旧方法对纳税额的影响，如表4-2所示。

表 4-2 不同的折旧方法对纳税额的影响（单位：万元）

年限、折旧及所得税	第一年		第二年		第三年		合计	
	折旧	所得税	折旧	所得税	折旧	所得税	折旧	所得税
直线折旧	30	42.5	30	42.5	30	42.5	90	127.5
年数总和法	45	38.75	30	42.5	15	46.25	90	127.5
双倍余额递减法	60	35	15	46.25	15	46.25	90	127.5
缩短折旧年限	45	38.75	45	38.75	0	50	90	127.5

选择不同的折旧方式，最终的折旧额与企业所得税额总额是一致的，但在不同的年份下，不同的折旧额产生了不同的所得税额。若考虑到 A 企业急需资金和时间的价值，选择双倍余额递减法，第一年缴纳的企业所得税最少。

若所得税税率发生变化，不同的折旧方式下最终企业所得总额也不一样。

仍然沿用上述假设案例，若 A 企业是满足小型微利企业条件的制造企业，则适用 20% 税率，其中年应纳税所得额不超过 100 万元的部分，减按 25% 计入应纳税所得额；对年应纳税所得额超过 100 万元但不超过 300 万元的部分，减按 50% 计入应纳税所得额。但到 2020 年企业规模壮大便不再符合小型微利企业的资格，不同的折旧方式下对企业所得税纳税额的影响，如表 4-3 所示。

表 4-3　企业所得税税率变化下，不同的折旧方式对纳税额的影响（单位：万元）

年限、折旧及所得税	第一年		第二年		第三年		合计	
	折旧	所得税	折旧	所得税	折旧	所得税	折旧	所得税
直线折旧	30	12	30	42.5	30	42.5	90	97
年数总和法	45	10.5	30	42.5	15	46.25	90	99.25
双倍余额递减法	60	9	15	46.25	15	46.25	90	101.5
缩短折旧年限	45	10.5	45	38.75	0	50	90	99.25

根据上表可以发现，折旧额依然不变，但是最终的所得税额却发生了变化，若单从企业所得税纳税总额考虑，选择直线折旧的方法最好，最终缴纳的所得税总额最低。

在企业存在亏损弥补的情况下，采用不同的折旧方式对企业所得税额的影响也不一样。

仍然用上述案例，假设 A 企业在之前年度存在 250 万元的亏损，且 2019 年是最后可以弥补亏损的年份。那么，不同的折旧方式下对企业所得税纳税额的影响，如表 4-4 所示。

表 4-4　考虑到企业的亏损情况，不同的折旧方式对纳税额的影响
（单位：万元）

年限及所得税	第一年		第二年		第三年		合计	
	折旧	所得税	折旧	所得税	折旧	所得税	折旧	所得税
直线折旧	30	0	30	42.5	30	42.5	90	85
年数总和法	45	0	30	42.5	15	46.25	90	88.75
双倍余额递减法	60	0	15	46.25	15	46.25	90	92.5
缩短折旧年限	45	0	45	38.75	0	50	90	88.75

通过表 4-4 发现，若企业存在亏损且仍满足亏损递延弥补资格时，采用不同的折旧方式对不同折旧年限中企业所得税额的影响也不一样。在第一年中，企业所得税额均为 0，在第二年中，采用缩短折旧年限的折旧方法，企业所得税额最低为 38.75，企业在当年赋税最少。

因此，老板通过考虑企业不同时期的经营状况，选择最适合的折旧方式进行纳税筹划，达到企业不同年份的经营目标。

【税筹实战练习】

根据以上关于对固定资产进行纳税筹划的方法，结合自己企业现阶段发展目标制定一套对固定资产进行纳税筹划的方案。

4.3 成本＋费用，该如何筹划

企业经营过程中的人工成本、销售成本、利息费用、业务招待费、广告宣传费以及长期待摊费用是企业主要的开支构成。作为老板，控制各项经营中的纳税成本，将成本费用全额扣除，让所得额更接近于真实的“利润”，规避不必要的税费支出，是实现企业利润最大化的重要途径。

4.3.1 企业对人工成本中的“防暑降温费”进行纳税筹划

根据《中华人民共和国企业所得税法》第 40 条规定，企业发生的员工福利费支出，不超过工资薪金总额 14% 的部分，准予扣除，其中员工福利费中包括员工防暑降温费。而第 48 条规定，企业发生的合理劳动保护支出准予扣除，其中劳动保护费中包含防暑降温用品所发生的支出。

根据以上两条规定，作为员工福利费支出的员工防暑降温费予以税前扣除，但却有金额限制，不超过工资薪金总额的14%；而作为合理劳动保护支出的防暑降温用品费用无金额限制，准予扣除。因此在对员工进行防暑降温用品发放时，尽量选择作为劳动保护费支出，这样无需考虑是否超过工资薪金总额的14%，可以在企业所得税中全部抵扣。

例如，重庆某建筑企业在2020年7月中旬，为了员工的身心健康，决定为户外作业的一线员工发放每人500元的防暑降温费。但企业当年的员工福利费用支出已经超过了工资薪金总额的14%，若仍按照员工福利费支出，则这部分支出便不能在企业所得税中予以扣除。

因此，建议企业可以购买相应防暑药品、工作服、降温饮料等以劳动保护费支出形式发放给员工，这样可以在企业所得税中全额扣除。

4.3.2 企业对“销售成本”进行纳税筹划

根据《中华人民共和国企业所得税法》规定，企业销售成本的计算方法，可以在先进先出法、个别计价法和加权平均法之间选择任意一种，计价法一经选用便不得随意变更。三种销售成本的计算方法、具体解释及优缺点，如表4-5所示。

表 4-5　先进先出法、个别计价法和加权平均法的解释及优缺点

计算方法	释义	优点	缺点
先进先出法	先购入的存货应先发出	减少成本计算难度	如果进货价格持续上涨，企业成本也不断上涨，那么企业先完工入库的制造成本相对较低，若此时仍采用先进先出计算成本则计算出的销售成本比实际低，当期应纳税所得额偏高
个别计价法	以每一批商品的实际进价作为计算销售成本的一种方法	对于销售成本计算准确	操作、计算复杂，只适合具体存货项目具有明显的标志且数量不多、价值较大，如大件、贵重的物品
全月一次加权平均法	以每种商品库存数量和金额计算出加权平均单价，再以平均单价 × 销售数量和期末库存金额的一种方法	存货成本的分摊较为折中，销售成本计算较准确	发出存货的成本只能在月末计算出来，无法随时了解存货资金占用情况

企业选择不同的销售成本核算方式，得出本期的销售成本不同，最终得出的应税所得额也不一样，这样为企业销售成本纳税筹划提供了空间。根据三种计算方法优缺点及适用范围，通常情况下，在企业原材料、人工等价格下跌时选择先进先出法进行计算，

反之则选择加权平均法。

例如，A 企业为时尚服饰公司，主要进行时尚女装的生产销售。2020 年 8 月企业设计了一款女士衬衫，市场统一定价为 400 元（不含税），受到市场的喜爱。已知 2020 年 8 月 A 企业生产这批衬衫的入库、发货、库存情况，如表 4-6 所示。

表 4-6 2020 年 8 月 A 企业生产这批女士衬衫的入库、发货、库存情况

时间	入库、发货、库存情况
2020 年 8 月 1 日	结存该款衬衫 100 件，单位生产成本为 100 元 / 件
2020 年 8 月 6 日	完工入库该款衬衫 200 件，单位生产成本为 105/ 件
2020 年 8 月 8 日	某商场专柜向公司订货 50 件，当天发货
2020 年 8 月 12 日	某经销商向公司订货 50 件，当天发货
2020 年 8 月 18 日	完工入库该款衬衫 200 件，单位生产成本为 110/ 件
2020 年 8 月 24 日	出口欧洲国家该款衬衫 200 件
2020 年 8 月 31 日	该款衬衫结存 200 件

A 企业应该选择哪种方法计算销售成本呢？A 企业生产服装，量比较大，且不适合用个别计价法。采用先进先出法和加权平均法分别计算企业销售成本。

1. 采用先进先出法

8 月 8 日第一次销售的 50 件，先从 8 月 1 日的库存中发货，单位生产成本为 100 元／件，该笔销售的成本：50×100=5000（元）。

8 月 12 日销售的 50 件，仍从 8 月 1 日的库存剩余中发货，单位生产成本为 100 元／件，销售成本：50×100=5000（元）。

8 月 24 日出口欧洲的 200 件，销售成本：200×105=21000（元）。

总计销售成本：5000+5000+21000=31000（元）。

销售收入：（50+50+200）×400=120000（元）。

A 企业应缴纳企业所得税：（120000－31000）×25%=22250（元）。

2. 采用全月一次加权平均法

全月一次加权平均成本：（100×100+200×105+200×110）／（100+200+200）=106（元）。

销售成本：106×（50+50+200）=31800（元）。

销售收入：400×（50+50+200）=120000（元）。

A 企业应缴纳企业所得税：（120000－31800）×25%=22050（元）。

采用全月一次加权平均法比采用先进先出法缴纳的所得税少（为了便于计算，设计的数据较小，从实际出发，若数据较大时，差距会更加明显）。

根据两种方式计算企业应缴纳所得税的多少，A 企业应该选择全月一次加权平均法，对于企业减少赋税比较有利，同时我们可以看到企业生产成本是在上涨的。

4.3.3 企业对“利息费用”进行纳税筹划

根据《中华人民共和国企业所得税法》的相关规定，非金融企业向金融企业借款的利息支出，若符合相关条件，则准予扣除。非金融企业向非金融企业借款的利息支出，不超过按照金融企业同期同类贷款利率计算的数额的部分准予扣除。

根据相关政策，企业若需要筹资时，首先应考虑采取合法的方式向金融机构借款，其次也可以采取企业互借的方法，将利率控制为互惠利率，最后企业还可以采用商业信用进行筹资。

例如，甲企业是一家建筑公司，乙企业是一家经营建筑原材料的公司且长期与甲企业保持合作关系，为甲企业提供建筑原材料供应。在 2020 年 5 月，甲企业需要一笔 1500 万元的资金进行原材料采购，但无法从金融机构获得。于是甲企业便从乙企业借款 1500 万元，使用期限为 1 年，利率为 8%，此类借款银行一年期利率为 5%。甲企业 2020 年利润总额为 2000 万元（只考虑企业所得税）。

按照原借款合同，甲企业允许扣除的利息：1500 × 5%=75（万元）。

企业应税所得额：2000−75=1925（万元）。

甲企业应缴纳企业所得税：1925 × 0.25=481.25（万元）。

因甲企业与乙企业签订的借款合同利息高于银行利息，因此甲企业不允许扣除的利息费用：1500 × 8%−75=45（万元）。

现对甲企业借款利息进行纳税筹划：建议甲企业将原借款合同调整为赊购，通过从乙企业直接赊购 1500 万元的材料，一年后付款，且将原材料采购成本提高 120 万元（1500 × 8%），即：1500+120=1620（万元）。

假设甲企业在 2020 年采购原材料全部耗用且生产出来的产品全部销售，那么额外支出的 120 万元为企业采购成本，可以全部扣除。

那么甲企业应税所得额：2000−120=1880（万元）。

甲企业应缴纳所得税：1880 × 25%=470（万元）。

通过纳税筹划为企业减少支出：481.25−470=11.25（万元）。

4.3.4 企业对“业务招待费”进行纳税筹划

根据《中华人民共和国企业所得税法实施条例》（中华人民共和国国务院令第 512 号）第 43 条规定，企业发生的与生产经营活动有关的业务招待费支出，按发生额的 60% 扣除，最高不得超过当年销售（营业）收入的 5‰（千分之五）。

换言之，若当企业发生的业务招待费的 60% 小于当年销售收入的 5‰时，则按照发生额的 60% 扣除；若业务招待费的 60% 大于企业当年销售收入的 5‰时，则按照当年销售收入的 5‰扣除，即“取小原则”。

相关政策对企业招待费允许扣除的双重金额限制为企业纳税筹划提供了空间。对于企业招待费用较高的企业，若企业招待费用的60%超过销售收入的5‰时，一部分招待费用便不能扣除，会增加企业纳税成本，若企业招待费用的60%小于销售收入的5‰，则会使企业招待费用不足可能会达不到企业销售目标。因此，企业需要将业务招待费控制在最合适的临界点，最大限度地享受招待费用扣除的政策优惠。

假设企业年销售收入为S，业务招待费为N，则60%N=5‰×S，是企业可扣除的业务招待费临界点，得出N=8.3‰×S，此时是企业最大限度地享受招待费用扣除的额度。

例如，A企业是一家大型服装销售公司，预计2021年企业完成年销售收入8000万元。应该预算多少业务招待费，使得A企业在缩减成本的同时，达到利润最大化。

直接运用上述公式得出结果：8000×8.3‰=66.4（万元）。

因此，A企业2021年安排业务招待费66.4万元最合理。

4.3.5 企业对“广告宣传费”进行纳税筹划

根据《中华人民共和国企业所得税法实施条例》第44条规定，企业发生的符合条件的广告费和业务宣传费支出，除国务院财政、税务主管部门另有规定外，不超过当年销售（营业）收入15%的部分，准予扣除；超过部分准予在以后纳税年度结转扣除。同时根据《财政部 税务总局关于广告费和业务宣传费支出税前扣除有关事项的公告》（财政部 税务总局公告 2020 年第 43 号）规定，自 2021 年 1 月 1 日起至 2025 年 12 月 31 日止，对化妆品制造或销售、医药制造和饮料制造（不含酒类制造）企业发生的广告费和业务宣传费支出，不超过当年销售（营业）收入 30% 的部分，准予扣除；超过部分准予在以后纳税年度结转扣除。

企业对广告宣传费进行纳税筹划的原理：一般企业将广告费用控制在销售收入的 15%，化妆品制造或销售、医药制造和饮料制造（不含酒类制造）等企业将销售收入控制在 30% 以内，使企业广告费用能在企业所得税中全部扣除。

假设 A 企业是一家高端化妆品企业，主要从事化妆品的销售。2021 年 3 月，企业决定推出一款抗衰老产品，需要大量的广告投入，广告预算费用为 6200 万元，该企业预计 2021 年全年销售收入为 2 亿元（只考虑企业所得税）。

A 企业对广告宣传费进行纳税筹划前，因广告预算费用为 6200 万元，超过销售收入的 30%，因此 2021 年可以抵扣的广告宣传费为 6000 万元（2 亿元 × 30%）。

预计 A 企业 2021 年应缴纳企业所得税：（20000−6000）× 25%= 3500（万元），剩下的 200 万元广告费不能抵扣。

所以 A 企业在做预算时尽量将广告费用控制在 6000 万元。

4.3.6 企业对“长期待摊费用”进行纳税筹划

举个例子，甲企业现需根据《中华人民共和国企业所得税法》相关规定，企业小的修理费用是可以计入管理费用在税前一次性扣除的。而当企业修理支出达到一定条件变成大修理支出时，便不能一次性扣除，需要按照固定资产修理后预计尚可使用的年限分期摊销。若固定资产的维修费用超过取得固定资产时计税基础的 50% 以上，且修理后的固定资产的使用年限延长 2 年以上，便称为固定资产大修理，此时就需按照固定资产预计尚可使用年限分期摊销。

要对某台设备进行维修，维修费用为 110 万元，该台设备取得时价格为 200 万元，且维修之后预计该设备还能使用 5 年。那么，这次对这台设备的维修就属于固定资产大修理。因为修理费用为 110 万元超过取得时价格 200 万元的 50% 以上，且维修之后预计该设备还能使用 5 年，符合“修理后的固定资产的使用年限延长 2 年以上”的规定。

企业对于长期待摊费用进行纳税筹划的原理：企业在正常经营时期（盈利期间），将固定资产修理费用一次性扣除，对于企业来说最有利，因此在此期间尽量将企业的固定资产维修控制为小型维修，或者将必要的大修理支出调整为多次修理以此转变为小型维修，从企业所得额中一次性扣除。

若在免税时期，企业尽量将必要的大修理支出作为长期待摊费用，分摊到之后年限在企业所得税中扣除，从而达到减少企业赋税的效果。

假设甲企业为一家工业制造型企业，2020 年 12 月对一台设备进行维修，该设备原值为 800 万元，发生修理费为 410 万元。修理前该设备预计还能使用 2 年，维修后使用寿命延长了 3 年。不考虑修理费用，企业当年利润 400 万元。

进行纳税筹划前，甲企业设备修理费用 410 万元超过了设备原值的 50% 且维修后使用寿命延长 3 年（大于 2 年），因此该次修理，费用计入分期摊销。

2020 年 12 月，甲企业可以摊销的长期摊销费用：410/（2+3）=82（万元）。

甲企业 2020 年应缴纳企业所得税：（400−82）×0.25=79.5（万元）。

对甲企业设备维修进行纳税筹划：将该设备分两次进行维修，即 2020 年 12 月进行一次，维修费用为 400 万元，2021 年 1 月再次维修，维修费用为 10 万元。

因为 2020 年第一次维修，费用为 400 万元未超过设备原值的 50%，因此不符合大修理定义，可以将其作为企业管理成本一次性扣除。因此甲企业 2020 年应缴纳所得额：400−400=0（万元），甲企业 2020 年应缴纳企业所得税为零。

【税筹实战练习】

根据以上“成本＋费用”的纳税筹划方法，结合自己的企业经营范围，判断是否符合自身企业。

是否符合自身企业 “成本＋费用”的 纳税筹划方法	是	否
对人工成本中的“防暑降温费”进行纳税筹划		
对“销售成本”进行纳税筹划		
对“利息费用”进行纳税筹划		
对“业务招待费”进行纳税筹划		
对“广告宣传费”进行纳税筹划		
对“长期待摊费用”进行纳税筹划		

4.4 关于“技术转让所得”的纳税筹划

通常，对于老板而言，技术转让所得与相应企业所得税的缴纳之间总是存在着不可调和的矛盾。老板一方面在渴望技术转让价格越高越好的同时，也在担忧转让价格越高企业所要支付的企业所得税也会越高。

那么，技术转让所得是否可以进行纳税筹划，取得两者之间的平衡，让老板既能享受到较高的所得收入，同时又能享受到较低的纳税额度呢？答案是肯定的。

4.4.1 “技术转让”的范围和计算

根据《中华人民共和国企业所得税法》中的相关规定，一个纳税年度内，居民企业技术转让所得不超过 500 万元的部分，免征企业所得税；超过 500 万元的部分，减半征收企业所得税。

面对如此大的税收优惠，那么哪些技术转让可适用该优惠政策呢？具体是如何计算的呢？居民企业技术转让的范围，如图 4-1 所示。

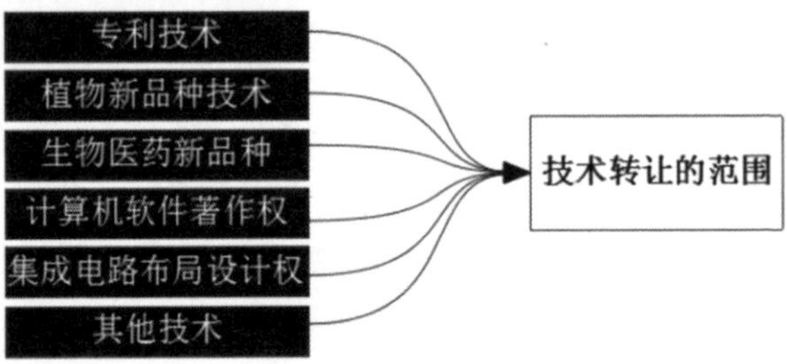

图 4-1 居民企业技术转让的范围

技术转让的计算方式及具体释义，如表 4-7 所示。

表 4-7 技术转让的计算方式及具体释

计算方式	具体释义
技术转让所得 = 技术转让收入 − 技术转让成本 − 相关税费	技术转让收入：当事人履行技术转让合同后获得的价款，不包括销售或转让设备、仪器、零部件、原材料等非技术性收入
	技术转让成本：转让的无形资产的净值，即该无形资产的计税基础减除在资产使用期间按照规定计算的摊销扣除额后的余额
	相关税费：技术转让过程中实际发生的有关税费，包括除企业所得

4.4.2 “技术转让”的纳税筹划

老板通过对技术转让进行纳税筹划的原理实则是最大限度地运用居民企业技术转让所得税相关优惠政策。当居民企业转让技术获得的所得大于 500 万元时，企业可以采取递延收款的方式将所得分摊到之后的年份，因而在各个年度享受免征政策。

例如，甲企业为一家软件研发企业且获得了多项专利技术。2020 年 8 月，甲企业拟将一项专利技术以 1800 万元价格转让给乙企业。与此相关的技术转让成本与相关税费为 800 万元。

进行纳税筹划前，甲企业的技术转让所得额：1800−800=1000（万元）。

甲企业应缴纳技术转让所得税：（1000−500）× 50% × 25% =62.5（万元）。

对甲企业技术转让进行纳税筹划：甲企业与乙企业进行协商，约定分期收款结算方式，即 2020 年收取 900 万元的转让款，2021 年收取 900 万元的转让款。

因此，甲企业在 2020 年缴纳企业技术转让所得税：900−400−500=0（万元），无需缴纳技术转让所得税。

同样，甲企业在 2021 年缴纳企业技术转让所得税：900−400−500=0（万元），无需缴纳技术转让所得税。

【税筹实战练习】

根据以上所学，结合自身企业状况判断哪些技术转让准予税前扣除，并对此制定纳税筹划方案。

4.5 最大化地运用“亏损弥补”政策

亏损弥补在一定条件下，可以与企业年应税所得额进行税前抵扣，进而减少企业应税所得额，最终达到减少企业所得税的效果。而相关政策对于“亏损弥补”出台了相应的递延结转政策，因此，最大限度地运用亏损弥补年限，尽可能地让企业亏损额全部与所得额进行税前抵扣，是进行纳税筹划的根本。

4.5.1 税法对“亏损弥补”的规定

税法及相关政策对于亏损弥补做了几方面的规定，主要包括如何界定亏损及结转年限。

1. 企业所得税法对亏损是如何界定的

根据《中华人民共和国企业所得税法》《中华人民共和国企业所得税法实施条例》中相关规定：企业将每一纳税年度的收入总额减除不征税收入、免税收入和各项扣除后小于零的数额。

2. 企业发生亏损后在多长期限内可以结转

根据《中华人民共和国企业所得税法》中的相关规定：企业纳税年度发生的亏损，准予向以后年度结转，用以后年度的所得进行弥补，但结转年限最长不得超过5年。同时，根据《财政部 税务总局关于延长高新技术企业和科技型中小企业亏损结转年限的通知》（财税〔2018〕76号）规定："自2018年1月1日起，当年具备高新技术企业或科技型中小企业资格的企业，其具备资格年度之前5个年度发生的尚未弥补完的亏损，准予结转以后年度弥补，最长结转年限由5年延长至10年。"

企业在计算亏损时需要注意以下4点，如表4-8所示。

表4-8　企业在计算亏损时的注意事项

企业在计算亏损时的注意事项	企业筹办期间发生的筹办费用支出，不得计算为当期亏损，企业自开始生产经营的年度，为开始计算企业损益的年度
	企业境外营业机构的亏损，不能抵减境内营业机构的盈利
	被投资企业发生的经营亏损，不得用于投资企业抵减其盈利，也不能将其确认为投资损失
	合伙企业的合伙人是法人和其他组织的，合伙人在计算其缴纳企业所得税时，不得用合伙企业的亏损抵减其盈利

4.5.2 “亏损弥补”的纳税筹划

亏损弥补结转政策实际为纳税筹划提供了一定的空间，通过案例进行具体解释。

假设甲企业（符合亏损弥补延长 5 年条件）在 2014 年度到 2020 年度的应税所得额分别为 −140 万元、0 万元、20 万元、30 万元、35 万元、40 万元、600 万元。

根据允许弥补以前年度亏损的相关政策，企业在 2014 年亏损 140 万元，无需缴纳企业所得税，那么在 5 年内可扣除亏损，即 2015～2019 年：0+20+30+35+40=125（万元），弥补 2014 年亏损，这些年度无需缴纳企业所得税。企业 2020 年度应税所得额为 600 万元，因为不在 5 年之内，不满足亏损弥补条件，应缴纳企业所得税：600 × 25%=150（万元）。

实则，老板可在政策允许范围内最大限度地运用亏损政策，让甲企业在 2019 年度节省企业开支，例如推迟企业支出到 2021 年，同时增加企业收入，将 2019 年企业所得税额提高至 55 万元，这样 2015 至 2019 年度的企业所得税刚好弥补 2014 年的亏损，2021 年企业所得税应税额：600−15=585（万元），需缴纳企业所得税：585 × 25%=146.25（万元），为企业减少赋税：150−146.25=3.75（万元）。

同时，根据《财政部 税务总局关于延长高新技术企业和科技型中小企业亏损结转年限的通知》（财税〔2018〕76 号）规定，延长高新技术企业和科技型中小企业亏损结转弥补年限，最长结转年限为10年。老板同样可以利用此种方式进行纳税筹划，且年度空间更大。

根据上述政策我们发现若企业盈利年度在前，亏损年度在后，则不能用前面的盈利抵扣后年度的亏损，依然通过案例进行具体解释。

假设A企业2014年盈利50万元、2015年亏损50万元、2016年亏损20万元、2017年亏损20万元、2018年盈利10万元、2019年盈利10万元、2020年盈利30万元。

只考虑企业所得税，2014年度需要缴纳企业所得税：50×25%=12.5（万元）。

2015至2017年度均为亏损，无需缴纳企业所得税。2018至2020年盈利50万元弥补前三年的亏损，无余额，仍然无需缴纳企业所得税。

通过这个案例，我们发现企业盈利年度在前，亏损年度在后，无法享受年度亏损结转抵扣政策，增加了企业所得税税负。

企业盈利或亏损实则是可以通过财务数据及企业发展阶段进行相关预测的，若已经预测到某些年份会发生不可避免的亏损，老板可将开支放到之前年度。

依然以上述案例为例进行筹划，建议A企业将2015年度企业开支提前至2014年，即将2014年支出增加50万元，2015年支出减少 50 万元。那么，2014 年、2015 年企业应税所得额为 0，无需缴纳企业所得税。2016 至 2017 年企业亏损，无需缴纳企业所得税。

2018 至 2020 年企业盈利 50 万元，可以与前两个年度的亏损结转，即（50−40）×25%=2.5（万元）。

因此，进行纳税筹划后为 A 企业减少赋税：12.5−2.5=10（万元）。

【税筹实战练习】

关于亏损弥补相关政策，以下说法错误的是（ ）

A 允许将企业初期的筹建费用计入亏损中。

B 甲企业 2019 年投资了乙企业，亏损了 30 万元，现甲企业 2020 年底缴纳企业所得税，可以将这 30 万元亏损与企业所得税进行税前抵扣。

C 甲企业在澳洲设立了一家境外营业机构，由于特殊原因，甲企业 2018 年在澳洲的境外营业机构亏损了 200 万元，该项亏损可以与 2020 年甲企业国内年应税所得额进行抵扣。

答案：A B C

4.6 要捐赠，也要筹划

为了承担企业的社会责任，老板李总进行了公益性捐赠，年底缴纳企业所得税时惊喜地发现企业所得税比原来预计的要少。原来，李总的捐赠符合一次性扣除的相关规定，这次捐赠不仅提升了企业的社会形象，同时还减少了企业所得税赋税，可谓“无心插柳柳成荫”。

老板为了提升企业的社会形象，承担企业的社会责任，通常会选择进行社会捐赠。殊不知，其实捐赠也有“道”，合适的捐赠方式便能达到让企业达到两全其美的效果。

4.6.1 “公益性捐赠”税前扣除的相关规定

根据《中华人民共和国企业所得税法》《中华人民共和国企业所得税法实施条例》中的相关规定，企业通过公益性社会组织或者县级以上人民政府及其部门用于符合法律规定的慈善活动、公益事业的捐赠，在年度利润总额 12% 以内的部分，准予在计算应纳税所得额时扣除；超过年度利润总额 12% 的部分，准予结转以后三年内在计算应纳税所得额时扣除。同时，企业在对公益性捐赠支出计算扣除时，应先扣除前年度结转的捐赠支出，再扣除当年发生的捐赠支出。

老板要想通过运用捐赠准予税前扣除的相关政策来进行纳税筹划，需要明确以下几点。

1. 公益性捐赠的含义

根据《中华人民共和国企业所得税法实施条例》规定，公益性捐赠是指企业通过公益性社会组织或者县级以上人民政府及其部门，用于符合《中华人民共和国公益事业捐赠法》规定的公益事业的捐赠。具体指纳税人通过中国境内非营利的社会团体、国家机关，向教育、民政等公益事业和遭受自然灾害地区、贫困地区的捐赠。

2. 公益性事业的范围

在《中华人民共和国公益事业捐赠法》确定的公益事业领域开展的业务活动，具体范围包括以下四个方面：救助灾害、救济贫困、扶助残疾人等困难的社会群体和个人的活动；教育、科学、文化、卫生、体育事业；环境保护、社会公共设施建设；促进社会发展和进步的其他社会公共和福利事业。

3. 公益性社会团体的要求

根据《中华人民共和国企业所得税法实施条例》对于公益性社

会团体也做出了相关的规定。2020～2022 年度公益性社会组织捐赠税前扣除资格名单的公告已经进行了公示，如图 4-2 所示。

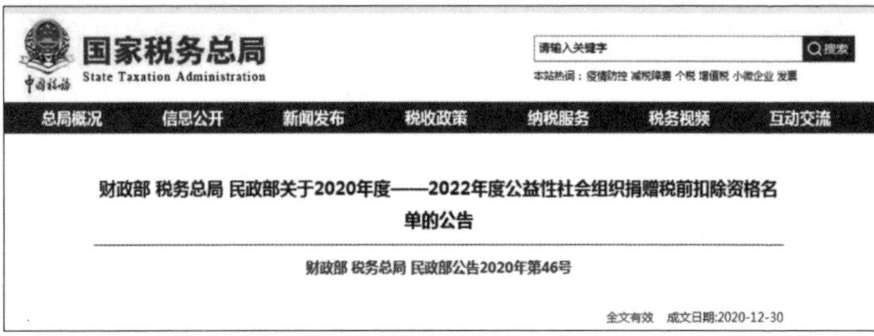

图 4-2　2020~2022 年度公益性社会组织捐赠税前扣除资格名单的公告

通过以上对于公益性捐赠准予税前扣除的相关学习，你能判断企业的捐赠行为准予税前性扣除吗？通过表 4-9 进行简单判断。

表 4-9　判断捐赠是否准予一次性扣除的简单方法

通过县级以上政府及部门或公益性社会组织捐赠 / 是否为公益性捐赠	是	否
是	捐赠准予税前扣除	捐赠不准予税前扣除
否	捐赠不准予税前扣除	捐赠不准予税前扣除

4.6.2 企业捐赠的纳税筹划

在捐赠中进行纳税筹划的原理是，通过运用公益事业捐赠准予在应纳税所得额中扣除的政策，减少企业应税所得额，从而达到减少企业赋税的效果。

例如，假设 A 企业 2020 年度利润总额为 2000 万元且为企业所得税应税额，预计 2021 年度利润总额为 3000 万元（可以看作企业所得税应税额），适用 25% 的税率。若 A 企业想提高企业知名度及社会形象，拟向其他单位捐赠 400 万元（假设均只考虑企业所得税）。

A 企业可以选择的捐赠方式有三种：直接向受赠单位进行一次性捐赠、通过公益性社会组织或者县级以上人民政府及其部门进行一次性捐赠、通过公益性社会组织或者县级以上人民政府及其部门分两年进行捐赠（2020 年捐赠 200 万元，2021 年捐赠 200 万元）。

第一种方式，因捐赠方式不符合企业所得税税前抵扣条件，因此企业 2020 年应税所得额仍为 2000 万元，A 企业 2020 年需缴纳企业所得税：2000 × 25%=500（万元），A 企业 2021 年需缴纳的企业所得税额：3000 × 25%=750（万元），2020～2021 年 A 企业需缴纳企业所得税合计：500+750=1250（万元）。

第二种方式，通过公益性社会组织或者县级以上人民政府及其部门进行一次性捐赠，捐赠方式符合企业所得税税前抵扣条件，因此 A 企业 2020 年应税所得额：2000－（2000 × 12%）=1760（万元），

2020年A企业需缴纳2020年需缴纳企业所得税：1760×25%=440（万元），2021年应缴纳企业所得税：3000×25%=750（万元），2020～2021年A企业需缴纳企业所得税合计：440+750=1190（万元）。

第三种方式中，因A企业分两年捐赠（2020年捐赠200万元，2021年捐赠200万元），捐赠额均不超过年度利润总额的12%，因此均可以从企业年应税所得额中进行相应扣除。因此，A企业2020年应缴纳所得税：(2000−200)×25%=450（万元），A企业2021年应缴纳企业所得税：(3000−200)×25%=700（万元），2020～2021年A企业需缴纳企业所得税合计：450+700=1150（万元）。

通过将以上三种方式进行比较，建议A企业选择第三种方式即通过公益性社会组织或者县级以上人民政府及其部门分两年进行捐赠。

因此，企业在进行捐赠时，首先考虑公益性捐赠，通过公益性社会组织或者县级以上人民政府及其部门进行捐赠，当捐赠额超过企业年度利润总额时，则考虑分两个年度进行捐赠，这样便不用考虑是否能在三年之内结转。

另外，根据《财政部 税务总局 国务院扶贫办关于企业扶贫捐赠所得税税前扣除政策的公告》（财政部 税务总局 国务院扶贫办公告2019年第49号）规定，自2019年1月1日至2022年12月31

日，企业通过公益性社会组织或者县级（含县级）以上人民政府及其组成部门和直属机构，用于目标脱贫地区的扶贫捐赠支出，准予在计算企业所得税应纳税所得额时据实扣除。在政策执行期限内，目标脱贫地区实现脱贫的，可继续适用上述政策。

在 2019～2022 年期间，该企业也可以选择向目标脱贫地区进行捐赠，此种捐赠方式准予在企业所得税应纳税所得额中实时扣除，无额度限制，因此企业不用考虑分年度捐赠。

【税筹实战练习】

以下两种捐赠行为是否可以进行税前扣除？

1．企业发生的直接捐赠支出。

2．企业通过乡级人民政府或街道办事处进行捐赠。

答案：两种方式均不允许税前扣除。

第 5 章

省出来的就是自己的：个人所得税纳税筹划

对个人所得税进行纳税筹划，实则包含对个人、个体工商户、个人独资企业以及合伙企业的所得进行纳税筹划，即经营所得、综合所得以及财产租赁与转让所得的筹划思路。

5.1 纳税人身份的灵活运用

在个人所得税纳税主体中，需关注个体工商户、个人独资企业以及合伙企业这三种身份。这三个纳税主体虽都披着“企业”的外衣，却无需缴纳企业所得税，按照自然人身份，根据经营所得缴纳个人所得税，由此便为个人所得税的纳税筹划提供了契机。

5.1.1 认识个人所得税的纳税对象

所谓个人所得税，顾名思义，是指针对个人所得征收的税收。除我们熟知的工资、薪金外，它具体还包含哪些内容呢？个人所得税的具体应税项目，如表 5-1 所示。

表 5-1　个人所得税的应税项目

应税项目	具体所得
综合所得	工资、薪金所得
	劳务报酬所得
	稿酬所得
	特许权使用费所得
经营所得	个体工商户从事生产、经营活动取得的所得
	个人独资企业投资人、合伙企业的个人合伙人来源于境内注册的个人独资企业、合伙企业生产、经营的所得
	个人依法从事办学、医疗、咨询以及其他有偿服务活动取得的所得
	个人对企业、事业单位承包经营、承租经营以及转包、转租取得的所得
	个人从事其他生产、经营活动取得的所得
财产租赁所得	个人出租建筑物、土地使用权、机器设备、车船以及其他财产取得的所得
财产转让所得	个人转让有价证券、股权、建筑物、土地使用权、机器设备、车船以及其他财产取得的所得
利息、股息、红利所得	个人拥有债权、股权而取得的利息、股息，红利所得
偶然所得	中奖、中彩、个人得奖、受赠、提供担保获得报酬等

不同应税项目，适用税率不一样：综合所得适用 3% 至 45% 的超额累进税率；经营所得适用 5% 至 35% 的超额累进税率；利息、

股息、红利所得，财产租赁所得，财产转让所得和偶然所得，适用比例税率，税率为 20%。

5.1.2 灵活运用个体工商户、个人独资企业、合伙企业

老板可以灵活运用个体工商户、个人独资企业、合伙企业的身份来进行纳税筹划。

1. 选择设立合伙企业

通常情况下，对于投资人来说选择设立合伙企业比公司制企业赋税更轻。投资人设立合伙企业无需缴纳企业所得税，只需根据经营所得缴纳个人所得税。而对于投资人来说，若设立公司制企业，不但需缴纳企业所得税，对于个人从公司取得的利润分配仍需缴纳个人所得税，这样实则是“双重征税”。

例如，现王总、张总拟设立一家企业，若设立公司制企业且有所得，那么需要承担的企业所得税为 25%，若对张总王总进行利润分配，投资人个人所得税为（通常利润为税后利润即净利润）：(1−25%) × 20%=15%。

那么对于投资人来说，承担了双重税收：25%+（1−25%）× 20%=40%。

但王总与张总若将企业设立为合伙企业，则无需缴纳企业所得税，只需承担 20% 的个人所得税。

2. 个体工商户将部分经营所得转化为综合所得

综合所得中的相关政策规定了允许扣除的所得项目，因此，作为个体工商户也可在经营中运用相关政策将部分不可扣除的所得转化成综合所得扣除，这样起到减少经营所得，降低赋税的效果。

例如，2020年1月1日，刘先生注册为个体工商户从事餐饮服务，每月销售额为12万元，其余各项扣除费用为2万元。另外，刘先生的妻子也在店里帮忙，由于是一家人，便未领取工资。

按照现有模式，刘先生2020年度经营所得需缴纳个人所得额：(12−2)×12=120（万元）（适用35%的税率及速算扣除数65500元）。

2020年度刘先生应缴纳所得税：120×35%−6.55=35.45（万元）。

刘先生妻子在店里帮忙，实际可以以领取工资的方式，将部分经营所得转变为综合所得。刘先生妻子每月领取5000元的工资。

转变后刘先生2020年度经营所得额：(12−2−0.5)×12=114（万元）（仍适用35%的税率及速算扣除数65500元）。

转变后刘先生2020年度需缴纳所得税：114×35%−6.55=33.35（万元）。

转变后比转变前节税：35.45−33.35=2.1（万元）。

3. 设立个人独资企业，采用核定征收

通过设立个人独资企业，采用核定征收进行纳税筹划的原理实则是避免对企业收入进行“双重征税”，同时运用核定征收巨大的税率优惠来进行节税。

假设 A 企业为公司制企业，年收入为 500 万元，这 500 万元涉及的税收有企业所得税与个人所得税，即：500 × 25%+500 ×（1−25%）× 20%=200（万元）。

通过重新设立个人独资企业 B，以购买 B 企业服务的方式，将 A 企业的利润转移到 B 企业。申请核定利润 10% 征收，此时 B 企业涉及的税收为个人所得税：500 × 10% × 30%−4.05=10.95（万元）。

仅从所得税考虑，进行纳税筹划后节税：200−10.95=189.05（万元）。

通过比较发现，进行纳税筹划后节税效果明显。

【税筹实战练习】

灵活运用个体工商户、个人独资企业、合伙企业的纳税筹划方法中，根据个人经营情况，判断个人最适合哪种筹划方法，并计算筹划前后节税多少钱。

5.2 应税工资福利化：工资薪金所得的纳税筹划

看似诱人的工资、奖金，若不进行合理筹划，就如同“膨胀的气球”一样，虚有其表。老板常常还会好心办坏事，企图通过年终奖来激发员工的积极性，却往往误入税收陷阱，事与愿违。倘若能合理运用相关政策进行纳税筹划，就让企业支出这块好“钢”用在刀刃上。

企业对于个人所得税进行纳税筹划的原理有两个：其一是指通过运用一些相关项目准予扣除的政策将应税工资转化成准予扣除的项目，减少个人所得税应税额，提高员工的积极性；其二是指为薪金选择合适的计税方式，在减少个人所得税赋税的同时也能起到降低企业所得税的作用。

5.2.1 工资和福利

员工工资、薪金所得适用超额累进税率，以每一纳税年度的收人额减去各项允许的扣除费用后等于应纳税所得额，不同等级的应税所得额适用不同的税率。当员工工资增加时，员工的消费需求也将得到更大的满足，但是由于个人所得税税率是累进税率，当累进到某个点时，新增的工资带给个人可支配的金额会逐步减少。因此，便为企业进行个人所得税的纳税筹划提供了空间。通过将部分工资转换为员工福利，则可以减少个人所得税赋税，从而提高员工的积极性。

同时，根据《中华人民共和国企业所得税法实施条例》第 40 条规定，企业发生的员工福利费支出，不超过工资薪金总额的 14% 的部分，准予扣除。因此，将员工部分工资转换员工福利，使得企业应税所得额也获得相应的减少（需要扣除员工福利费用），从而达到了减少企业赋税的目的。

假设 A 企业共有员工 100 人，其中员工人均年薪为 20 万元，其中各项允许的扣除额合计为 12 万元，员工人均应税额为 8 万元（企业并未给员工提供任何福利支出）。

员工人均需缴纳个人所得税：80000 × 10%−2520=5480（元）。

纳税筹划方法：将企业人均员工年薪降低 2.8 万元（20 × 14%），然后将这 2.8 万元转变为提供员工福利，例如为员工提供餐补、住房补贴、交通补贴、安家费等。

进行纳税筹划后企业降低赋税：A 企业总计员工年福利支出为 280 万元，A 企业所得税应税所得额相应减少 280 万元，为企业减少相应赋税。

进行纳税筹划后为员工降低个人所得税，调整后员工人均应税所得额为5.2万元，员工人均应缴纳个人所得税：52000×10%−2520=2680（元）。

员工人均个人所得税降低5480−2680=2800（元）。

进行纳税筹划后，A企业员工在享受福利的同时，人均缴纳个人所得税降低2800元。

5.2.2 年终奖金

根据《财政部 税务总局关于个人所得税法修改后有关优惠政策衔接问题的通知》（财税〔2018〕164号）中对于年终奖的相关规定，居民个人取得全年一次性奖金，符合《国家税务总局关于调整个人取得全年一次性奖金等计算征收个人所得税方法问题的通知》（国税发〔2005〕9号）规定的，在2021年12月31日前，不并入当年综合所得，以全年一次性奖金收入除以12个月得到的数额，确定适用税率和速算扣除数，单独计算纳税。

1. 老板需避开税收"陷阱"发放年终奖金

全年一次性奖金适用累进税率，老板在发年终奖时，若不考虑税收"陷阱"，哪怕给员工多发一元钱，便会产生一笔不小的个人所得税缴纳，到最后令税前获得年终奖多的员工比税前获得年终奖少的员工实际拿到手的却少，老板好心办坏事，让部分员工"得不偿失”，同时也没有发挥企业支出成本的积极作用。

假设，老板在年底给 A 员工发放了一笔全年一次性 36000 元的奖金，B 员工比 A 员工表现得更好，于是给 B 发放了 36001 元全年一次性奖金。

利用奖金单独计算的方式计算 A 员工与 B 员工年终奖所得需缴纳的所得税。

A 员工：36000/12=3000（元），适用 3% 的税率和速算扣除数 0 元。

因此，A 员工需缴纳所得税：36000 × 3%=1080（元）。

B 员工：36001/12=3000.08（元），适用 10% 的税率和速算扣除数 210 元。

因此，B 员工需缴纳所得税：36001 × 10%−210=3390.1（元）。

B 员工比 A 员工获得的税前年终奖多 1 元，但最终税后到手金额却比 A 员工少 2310.1 元。

若将 B 员工的奖金增加至 38566.67 元，适用税率为 10%，应缴纳个税 3646.67 元，税后收入为 34920 元，与发放 36000 元的年终奖金的税后收入相当。

按照单独计算全年一次性奖金，在一些区间内往往多发一块钱便能使得最终得到手的金额减少。这些区间可以称之为税收的无效区间，在这些无效区间内选择前一档税率区间的上限为最优选择。例如当年终奖发放区间为36001～38567元时，选择36000元为最优选择，通过总结发现税收的无效区间及最优选择，如表5-2所示。

表5-2　全年一次性奖金的税收无效区间及最优选择（单位：元）

全年一次性奖金的税收无效区间	最优选择
36001~38567	36000
144001~160500	144000
300001~318333	300000
420001~447500	420000
660001~706539	660000
960001~1120000	960000

极端情况下，当企业给员工发放年终奖达到96万元时，再多发1元奖金，员工便多缴纳所得税8.8万元。因此，老板在给员工发放年终奖时需尽量避开这些区间，让企业成本用在刀刃上。

2. 选择合适的计税方式

根据《中华人民共和国企业所得税法》及相关优惠政策衔接通知，2019～2021年一次性年终奖可以选择两种算法：一是单独计算纳税，一是并入当年综合所得。不同的计算方式，所带来的税收结果也不同。

除了以上所说的，老板在给员工发放一次性年终奖时需要避免税收无效区间，同时个人也可以通过选择合适的计税方式来减少所得税赋税。如何将年终奖进行纳税筹划，让看似诱人的奖金落到实处？

假设老王每月工资 4000 元，2020 年末取得了一笔全年一次性奖金 50000 元（无其他扣除）。这笔全年一次性奖金在 2021 年 12 月 31 日之前有两种计税方式可以选择：

（1）视为工资，并入综合所得计算个人所得税；

（2）不并入综合所得，按照全年一次性奖金计算。

企业应该推荐哪种方式？通过两种不同方式计算企业所得税结果，如表 5-3 所示。

表 5-3　通过两种不同方式计算企业所得税

年终奖计税方法	全年应缴纳所得税
并入综合所得	年应税所得额：4000 × 12+50000−60000=38000 元（适用税率 10%）； 应缴纳所得税：38000 × 10%−2520=1280 元
单独按照全年一次性奖金计算	年应税所得额 50000 元（适用 10% 的税率）（年工资不足 6 万，无须缴纳个人所得税）； 年应缴纳所得税：50000 × 10%−210=4790 元
两种方式比较	并入综合所得比单独计算，少缴纳个人所得税 3510 元

因此，老王应该选择将全年一次性奖金并入综合所得计算个人所得税。

当老王工资为年收入 11 万元时，其他条件均不变，应该选择哪种计税方式？如表 5-4 所示。

表 5-4　通过两种不同方式计算企业所得税

年终奖计税方法	全年应缴纳所得税
并入综合所得	年应税所得额：110000+50000−60000=100000 元（适用税率 10%）； 应缴纳所得税：100000 × 10%−2520=7480 元
单独按照全年一次性奖金计算	年应税奖金为 50000 元； 一次性奖金应缴纳所得税为 4790 元； 年应税工资：110000−60000=50000 元（适用 10% 的税率）； 年应缴纳所得税：50000 × 10%−2520+4790=7270 元
两种方式比较	并入综合所得比单独计算，年应缴纳所得税多 210 元

因此，此时老王应该选择将一次性年终奖金单独计算。

【税筹实战练习】

企业员工赵女士每月工资 4500 元，2020 年末发放年终奖 6 万元，请问赵女士应该选择单独将全年一次性奖金并入综合所得缴纳个人所得税还是单独按照全年一次性奖金缴纳个人所得税？并说明理由。

答案：赵女士应该选择将一次性年终奖金并入综合所得计算个

人所得税，比单独计税节税 2910 元。

年终奖计税方法	全年应缴纳所得税
并入综合所得	年应税所得额：4500 × 12+60000−60000=54000（元）； 应缴纳所得税：54000 × 10%−2520=2880（元）
单独按照全年一次性奖金计算	年应税奖金为 60000 元； 一次性奖金应缴纳所得税：60000 × 10%−210=5790（元）； 年应税工资：4500 × 12=54000（元）（扣除后无须缴纳所得税）
两种方式比较	并入综合所得比单独缴纳节税：5790−2880=2910（元）

5.3 劳务报酬所得的纳税筹划

除工资、薪金外，劳务报酬也是个人所得的重要组成部分。一部分人由于工作性质的原因，取得的劳务报酬甚至比工资、薪金要高。因此，学会对劳务报酬进行纳税筹是必要的，它关乎员工实际可支配的报酬。

5.3.1 了解企业劳务报酬制度

所谓劳务报酬所得，是指个人独立从事劳务取得的所得，包含从事设计、安装、制图、医疗、会计、法律、咨询、讲学、投稿、翻译、书画、雕刻、电影、戏剧、音乐、舞蹈、杂技、曲艺、体育、技术服务等项劳务。

劳务报酬所得与工资薪金所得有什么差异呢？其实，最大的差异在于雇佣与非雇佣关系。工薪所得是指个人因任职或受雇而取得的工资、薪金、奖金等有关所得；而劳务报酬是指个人与被服务的单位直接发生劳务关系取得的所得，提供劳务的个人与被服务单位没有稳定、连续的劳动人事关系，也没有任何劳动合同关系。

既然劳务报酬所得与工资薪金不同，那么它们所对应的所得税的计算方法、缴纳方式也不一样。税法中的所得与收入不同，对于每次收入不超过 4000 元的，减除 800 元，其余额为应税所得额。每次收入超过 4000 元的，减除 20% 的费用，其余额为应税所得额。劳务报酬适用税率如表 5-5 所示。

表 5-5　劳务报酬适用税率

应税所得额	适用税率	速算扣除数
不超过 20000 元的部分	20%	0
超过 20000 元至 50000 元	30%	2000
超过 50000 元	40%	7000

例如，王某一次性取得劳务报酬收入为 60000 元，只考虑劳务报酬时，需缴纳所得税应如何计算？

应税所得额：60000 × （1−20%）=48000 （元）（适用税率 30%）。

应缴纳所得税：48000 × 30%−2000=12400（元）。

虽然劳务报酬已并入综合所得，但按照现行规定且在实际操作中，仍由单位在支付劳务报酬时按月或按次预扣预缴个人所得税，最后汇缴清算，采用“多退少补”的原则。

5.3.2 劳务报酬所得的纳税筹划

对劳务报酬所得扣除费用的相关规定、劳务报酬所得的适用税率以及预扣预缴的方式，为个人所得提供了纳税筹划的空间。运用劳务报酬所得进行纳税筹划的原理，即尽量控制劳务报酬额度，使其适用小的税率，进而减少所得税的缴纳。

对劳务报酬所得进行纳税筹划的方法主要有4种。

1. 分散劳务报酬，多次取得

劳务报酬所得越高，需缴纳的所得税越高，且大额劳务报酬所得适用税率差异大。因此，个人在进行劳务报酬所得纳税筹划时，尽量将大额劳务报酬所得分多次取得，使每次的预扣、预缴所得额适用低税率，以此来减少企业赋税。

例如，小李是一名执业律师，2020期间为甲企业提供相关法律咨询服务，合同约定了两种支付方案。

方案一：甲公司在2020年一次性支付小李全年的咨询费用12万元；

方案二：甲公司在2020年分12次向小李支付咨询费用，每次支付1万元。

只考虑劳务报酬所得，小李应该选择哪个方案?

方案一，小李应税所得额：12×（1−20%）=9.6（万元）。

甲企业需预扣预缴个人所得税：9.6×40%−0.7=3.14（万元）。

方案二，小李每月应税所得额：1×（1−20%）=0.8（万元）。

甲企业需预扣预缴个人所得税：0.8×20%×12=1.92（万元）。

方案二比方案一节税：3.14−1.92=1.22（万元）。

方案二通过分散劳务报酬所得，多次取得，最终比方案一节税1.22万元。同时，方案一的劳务报酬为一次性取得，需一次性预扣预缴所得税3.14万元，比方案二占用的资金多、时间长。

2. 将劳务报酬中的成本转移至被服务单位

个人在获取劳务报酬时也会产生相应的成本，例如交通费用、通信费以及因提供劳务产生的其他成本费用，但这部分成本费用在计算劳务报酬应税所得额时是无法扣除的，所以个人在进行纳税筹划时，可以通过将劳务报酬中的成本转移至被服务单位来减少劳务报酬所得，让劳务报酬所得接近更加真实的“所得”，适用更小的税率，达到减少赋税的效果。

例如，刘先生为中国最权威的消防安全专家，2020年在全国开展巡回讲座。每次讲座课酬的支付方式有两种。假设每次讲座的交通费、住宿费、餐饮费等必要费用构成是2万元。

方案一：邀请单位支付课酬8万元，其他费用均由刘先生自己承担。

方案二：邀请单位支付课酬6万元，其他费用均由邀请单位承担。

方案一，邀请单位需预扣预缴个人所得税：8×（1−20%）×40%−0.7=1.86（万元），相关成本费用2万元，无法扣除。

方案二，邀请单位需预扣预缴个人所得税：6×（1−20%）×30%−0.2=1.24（万元）。

方案二比方案一节税 1.86−1.24=0.62（万元）。

3. 将劳务报酬中的成本分摊至他人

将劳务报酬中的成本分摊至他人的纳税筹划原理，与将劳务报酬中的成本转移至企业一样。在现实生活中，一项工作往往由多人共同完成。将劳务报酬中的成本分摊至他人是指在个人提供某项劳务服务时，所产生的其他人工成本尽量在个人取得劳务报酬时扣除，这样应税劳务报酬所得便会减少，所得税也会降低。

例如，小高为一名设计师，承担 A 企业某个大型项目的设计方案。整个方案预计 2 个月完成。A 企业需支付劳务报酬 80 万元，且提供了 3 套劳务报酬发放方案。

方案一：整个设计方案完成后，一次性支付劳务报酬 80 万元。

方案二：根据方案完成进度，每个月发放劳务报酬 40 万元。

方案三：由于该设计方案下面涉及消防安全设计、专业电路设计等专业设计领域，因此小高雇了 8 名专业人员为其服务，平均每人每月劳务报酬为 2 万元，甲公司每月向这 8 人每人支付 2 万元报酬，每月向小高支付 24 万元劳务报酬。

具体对三种方案应缴纳所得税进行计算。

方案一，小高应税所得额：80×（1−20%）=64（万元）。

A 企业需预扣预缴个人所得税：64×40%−0.7=24.9（万元）。

方案二，小高每月应税所得额：40 ×（1−20%）=32（万元）。

A 企业需预扣预缴个人所得税：（32 × 40%−0.7）× 2=24.2（万元）。

方案三，小高每月应税所得额：24 ×（1−20%）=19.2（万元）。

A 企业需预扣预缴个人所得税：（19.2 × 40%−0.7）× 2=13.96（万元）。

8 名专业人员平均每人应税所得额：2 ×（1−20%）=1.6（万元）。

A 企业需为 8 名专业人员预扣预缴所得税：1.6 × 20% × 2 × 8=5.12（万元）。

合计预扣预缴税款：13.96+5.12=19.08（万元）。

通过对以上三种方案进行比较，采用方案三最节税。

4. 将个人劳务所得转变为企业经营所得

根据《中华人民共和国企业所得税法》及其实施条例规定，2019 年 1 月 1 日至 2021 年 12 月 31 日，应纳税所得额不超过 100 万元的部分，减按 25% 计入应纳税所得额，按 20% 的税率缴纳企业所得税，对年应纳税所得额超过 100 万元但不超过 300 万元的部分，减按 50% 计入应纳税所得额，按 20% 的税率缴纳企业所得税。当个人劳务报酬所得额度较高时，可以运用小型微利企业所得税的税收优惠政策来进行纳税筹划，获得所得税税收优惠的大幅减免。

例如，王女士为某大学舞蹈老师，其主要收入为学校工资收入及培训机构授课课酬。2020 年度王女士学校发放工资总额为 20 万元（不考虑其他收入），由此计算的综合所得应纳税所得额为3.6万元，培训机构每月支付课酬5万元（年总共支付60万元课酬）。

王女士2020年度综合所得应税额（不考虑其他收入）：3.6+60×80%=51.6（万元）（适用税率30%，速算扣除数5.29万元）。

王女士2020年综合所得应缴纳所得税：51.6×30%−5.29=10.19（万元）。

若不做纳税筹划，王女士需缴纳综合所得税10.19万元。建议王女士成立A公司，每月向培训机构开具5万元培训费发票，A公司每月便取得5万元收入。

那么，王女士应缴纳综合所得税：3.6×3%=0.11（万元）。

根据小微企业相关优惠政策，A企业无需缴纳增值税及附加，需缴纳企业所得税：5×12×25%×20%=3（万元）。

合计纳税：3+0.11=3.11（万元）。

将个人劳务报酬所得转变为企业经营所得后，节税：10.19−3.11=7.08（万元）。

【税筹实战练习】

张先生是一名专业从事摄影的工作人员，在2020年1月准备跟甲企业签订合同，为甲企业拍摄一部宣传片，合同约定拍摄时间为2个月，拍摄过程中还需要其他4名相关工作人员协助完成。关于劳动报酬，现在有两种方案可供选择：方案一，整个拍摄完成后，由甲企业直接支付张先生劳务报酬60万元，其他4名工作人员的劳务报酬由张先生支付（总共12万元）；方案二，由甲企业支付其他4名工作人员劳务报酬每月3万元，同时每月支付张先生18万元劳务报酬。

张先生应该选择哪个方案？节税多少钱？

方案一，张先生需缴纳所得税：60×（1−20%）×40%−0.7=18.5（万元）。

方案二，张先生每月需缴纳所得税：18×（1−20%）×40%−0.7=5.06（万元）。

张先生需缴纳所得税：5.06×2=10.12（万元）。

每名工作人员每月需缴纳所得税：3×（1−20%）×30%−0.2=0.52（万元）。

4名工作人员总共需缴纳所得税：0.52×2×4=4.16（万元）。

合计缴纳所得税：4.16+10.12=14.28（万元）。

方案一与方案二的节税差额：18.5−14.28=4.22（万元）。

答：张先生应该选择方案二，从整体来看节税4.22万元。

5.4 利润最大化：利息、股息、红利所得的纳税筹划

投资人投资的最终目的都是为了产生收益，在风险匹配的情况下，尽量追求收益率最大化。而对收益进行纳税筹划则是通过控制成本，以求收益最大化的重要方式之一。选择何种投资方式在保证税收成本最低的情况下，获取的收益最大是投资者合理纳税筹划的依据。

5.4.1 何为利息、股息、红利

利息是指个人拥有债权而取得的利息，包括存款利息、贷款利息和各种债券的利息。

股息则是指对个人拥有的股权按照一定的比例对每股发给的息金。企业对于应分配的利润，按个人拥有的股份发放的部分称为红利。

同样，个人取得的利息、股息、红利所得，除特殊规定外，仍

需缴纳个人所得税。根据《中华人民共和国个人所得税法》《中华人民共和国个人所得税法实施条例》中的相关规定，利息、股息、红利所得适用比例税率，税率为 20%，以每次收入额为应纳税所得额。

应纳税额＝应纳税所得额 × 适用税率＝每次收入额 ×20%。

例如，盛总 2019 年取得红利 5 万元，那么应缴纳个人所得税：5×20%=1（万元）。

5.4.2 利息、股息、红利所得税的纳税筹划

对于利息、股息、红利所得进行纳税筹划的原理，实则是充分运用相关政策，减少个人所得税开支或获得更高收益，具体可以通过以下 3 种方式。

1. 权衡投资收益

根据《中华人民共和国个人所得税法》中的相关规定，对于个人购买国债和国家发行的金融债券而获得的利息所得免征个人所得税。因此，当可选择的投资产品所带来的收益与购买国债、国家发行的金融债券所获取的收益相当时，应该选择购买国债或国家发行的金融债券。这样，在获得相同收益的情况下，也降低了投资风险。

例如，小冯有一笔闲置资金 3 万元，拟购买债券，现有两种投资方案供小冯选择。方案一为购买 3 年期国债，利率为 4.5%；方

案二为购买一家A股上市公司公开发行的B债券，利率为5.6%，3年期，到期还本付息，单利计算。

小冯应该选择哪个方案？是否应该选择高利率的B债券？

方案一，国债免税，因此税后利息所得：30000×3×4.5%=4050（元）。

方案二，需缴纳个人所得税，税后利息所得：30000×5.6%×3×（1−20%）=4032（元）。

采用方案一比方案二多获得收益：4050−4032=18元。

通过方案一与方案二计算比较发现，看似B债券利率高于国债利率，但由于B债券获得的利息所得需缴纳个人所得税，导致最终购买国债比购买B债券收益高，且购买国债风险更小，更稳妥。

所以在进行投资选择时，不要盲目比较利率，需要理性权衡投资收益及风险。其次，当利率足够高时，即使征收了所得税后，最终的税后利息所得也远远高于国债的收益，那么则可以考虑购买B债券。

2. 运用股票持有时间的优惠政策

《财政部 国家税务总局 证监会关于上市公司股息红利差别化个人所得税政策有关问题的通知》（财税〔2015〕101号）明确规定：个人从公开发行和转让市场取得的上市公司股票，持股期限在1个月以内（含1个月）的，其股息红利所得全额计入应纳税所得额；持股期限在1个月以上至1年（含1年）的，暂减按50%计入应纳税所得额；上述所得统一适用 20% 的税率计征个人所得税。此条政策为个人进行纳税筹创造了有利条件，个人需合理把握持有时间，减少个人赋税。

例如，2019 年 12 月 9 日，王女士购买了甲上市公司的股票，2020 年 1 月 7 日便获得了甲公司的股息 30 万元，王女士现在想将甲公司股票进行转让。

因王女士持有甲公司的股票不足一个月，若现在转出需缴纳个人所得税（不考虑其他税收）：30×20%=6（万元）。

建议王女士在 2020 年 1 月 9 日之后转让股票，此时股票持有时间刚好满足一个月，便可以享受优惠政策。

应缴纳所得税：30×50%×20%=3（万元）。

利用股息的优惠政策进行纳税筹划后，节税 3 万元。

3．股息、红利变利息

投资者可以通过改变经营模式，达到降低赋税的目的，例如通过转变经营模式，将股息转变为利息。

2019 年 8 月，王总与另外两个朋友共同出资成立了一家公司 A，生产经营后盈利 2000 万元，三人通过商议，决定每人分红 200 万元（税后利润），那么每人需缴纳多少个人所得税？

在案例中王总及其两位朋友具有双重身份，既是投资者，也是企业股东，因此对于涉及的红利税收需考虑两方面的内容，即企业所得税与个人所得税。

根据《中华人民共和国个人所得税法》及其实施条例的规定，个人拥有股权而取得的利息、股息、红利所得，应当缴纳个人所得税，税率为20%。即企业向个人支付股息时，应代扣代缴个人红利收入20%的个人所得税。

因此，个人所得税：200×20%=40（万元）。

因为200万元的红利为税后利润，企业需缴纳企业所得税（适用25%的税率）：200×（1−25%）×25%=66.67（万元）。

因此，获得200万元的红利，个人投资者需负担税收：40+66.67=106.67（万元）。

若改变经营模式，将股息、红利改为利息。

2019年8月，王总与另外两个朋友共同出资成立了一家有限公司乙，生产经营一年后盈利2000万元，年初三个股东分别借款给公司，每人从公司取得利息200万元（利率不超过按照金融企业同期同类贷款利率，同时借款符合独立交易性原则）。

个人需缴纳所得税：200×20%=40（万元）。

同时，根据财政部、国家税务总局《关于全面推开营业税改征增值税试点的通知》（财税〔2016〕36号文件）的规定，自然人个人提供贷款服务应纳的增值税，以提供贷款服务取得的全部利息及利息性质的收入为销售额，适用增值税征收率3%（不考虑附加）。

因此，投资者需缴纳的增值税：〔200/（1+3%）〕×3%=5.83（万元）。

企业需缴纳所得税：200×25%=50（万元）。

根据《国家税务总局关于企业向自然人借款的利息支出企业所得税税前扣除问题的通知》（国税函〔2009〕777号文件）规定，企业向股东或其他与企业有关联关系的自然人借款的利息支出，应根据《中华人民共和国企业所得税法》第四十六条及《财政部、国家税务总局关于企业关联方利息支出税前扣除标准有关税收政策问题的通知》（财税〔2008〕121号）规定的条件，计算企业所得税扣除额。

因此，200万元的利息涉及的税收支出：40+5.83−50=−4.17（万元），即无需负担税负。

通过两者经营方式比较发现，将股息、红利改为利息，便可节税106.67万元。

【税筹实战练习】

运用权衡投资收益的纳税筹划原理，为自己选购一支投资理财产品，并计算筹划前后节税及收益。

5.5 承包、承租的纳税筹划

个人承包、承租的不同经营形式决定了个人所得税的征收方式。不同的征收方式，带来的征收结果不一样。因此，为纳税人进行承包、承租所得的纳税筹划提供了条件。通过转变经营性质是进行承包、承租纳税筹划的指导原理。

5.5.1 了解承包、承租的形式

个人对企事业单位的承包、承租经营所得包含承包经营、承租经营，转包、转租经营所得，还包括个人按月或按次取得的工资、薪金性质的所得。目前对于承包、承租的经营形式很多，但主要可以分为两种。

1. 个人承包、承租经营后将企业性质改变为个体工商户

个人在承包、承租经营后若将工商登记转变为个体工商户的，需按照个体工商户的生产、经营所得缴纳个人所得税，无须缴纳企

业所得税。

对于个体工商户的生产、经营所得应以每一纳税年度取得的收入计算纳税额，而对于生产经营不满一年的，需将实际生产经营期间内取得的所得换算成全年所得。

2. 个人承包、承租经营后工商登记仍为企业

个人在承包、承租经营后若不改变企业性质，工商登记仍为企业的，仍需按照企业相关政策规定缴纳企业所得税。然后根据签订的合同（协议）规定取得个人所得，依据《中华人民共和国个人所得税法》中的相关规定缴纳个人所得税。其中，对于个人所得税缴纳的规定具体也包含两种形式，如表 5-6 所示。

表 5-6　个人承包、承租经营后工商登记仍为企业性质下的个人所得税的征收方式

个人所得税征收方式	具体情况
按工资、薪金所得项目征收个人所得税	承包、承租人对企业经营成果不拥有所有权，仅按合同（协议）规定取得一定所得
按对企事业单位承包、承租经营所得项目征收个人所得税	承包、承租按合同（协议）规定只向发包方、出租方缴纳一定的费用，缴纳承包、承租费后的企业的经营成果归承包、承租人所有的，其取得的所得

对于实行承包、承租经营的纳税人，虽然原则上要求应以每一纳税年度取得的承包、承租经营所得计算纳税，但是，对于一个年度内经营不足 12 个月的，则应以其实际承包、承租经营的月份数

作为一个纳税年度计算纳税。

5.5.2 个人承包、承租的纳税筹划

承租人对企事业单位的承包、承租经营是否转变企业性质，是直接影响承租人赋税大小的重要方式。若不更改企业性质，则需“双重征税”；若将工商登记转变为个体工商户，则无需缴纳企业所得税。因此，对个人承包、承租进行纳税筹划的原理，实则是利用经营方式将企业性质转变为个体工商户来避免企业所得税，从而达到减少所得税赋税的效果。

例如，甲企业因经营不善，濒临倒闭，为避免破产，经过甲企业主管部门研究决定，将企业对外租赁经营。王先生有着丰富成熟的管理经验，且正处于离职状态，因此承包经营甲企业。甲企业将全部资产租赁给王先生经营，王先生每年上缴 8 万元租赁费，租赁期限自 2018 年 2 月 1 日至 2020 年 2 月 1 日（租赁期限为期 2 年）。租赁后王先生对甲企业的经营成果拥有所有权，且甲企业不对王先生提供管理方面的服务。

王先生通过自己成熟的管理经验使企业得到了快速发展，在 2018 年 12 月 31 日实现会计利润 30 万元（不含租赁费用），王先生未取得工资收入且王先生所在的省规定业主扣除费用为 5000 元／月。

因王先生承包经营甲企业，未将工商登记中企业性质转变为个体工商户，所以计算 2018 年缴纳所得税。

2018 年实际经营月份为 11 个月（2018 年 2 月 1 日至 2018 年 12 月 31 日）。

租赁费用：80000/12×11=73333.3（元）。

业主扣除费用：5000×11=55000（元）。

应缴纳企业所得税：300000×25%=75000（元）。

王先生 2018 年实际取得的承包、承租收入：300000−75000−73333.3=151666.7（元）。

王先生 2018 年度需缴纳个人所得税：（151666.7−55000）×20%−10500=8833.3（元）。

王先生合计缴纳所得税：75000+8833.3=83833.3（元）。

王先生承包、承租经营后实际取得的税后收益：151666.7−8833.3=142833.4（元）。

纳税筹划方案：王先生进行承租经营后，将企业工商登记改为个体工商户，避免缴纳企业所得税。同时对于个体工商户经营不足一年的，将实际生产经营期间内取得的所得换算成全年所得。

2018 年度收入额：300000−73333.3=226666.7（元）。

扣除业主扣除费用，应税所得额：226666.7−5000×11=171666（元）。

根据实际所得换算成全年所得额：171666/11×12=187272（元）。

按全年计算应缴纳所得税：187272×20%−10500=26954.4

（元）。

实际应纳税额：26954.4/12×11=24708.2（元）。

王先生2018年实际取得税后收益：226666.7−24708.2=201958.5（元）。

通过进行纳税筹划，节税共计：201958.5−142833.4=59125.1（元）。

【税筹实战练习】

若5.5.2的案例中王先生不改变个人承包、承租经营中的工商登记，按工资、薪金所得项目征收个人所得税，但仍需上缴承租费用，承租费用不变，是否有节税效果?

答：该种方式只是以工资的形式增加承租费用，纳税结果与未进行纳税筹划是一样的，并无节税效果。

5.6 对财产租赁、转让所得的纳税筹划

财产租赁、转让所得已经成为个人所得中的重要组成部分，学会对财产租赁、转让所得进行纳税筹划是减少非必要税收支出的重要途径。

5.6.1 对财产租赁进行纳税筹划

财产租赁所得的计算一般以个人每次取得的收入定额或按定率减除规定费用后的余额为应纳税所得额。对于财产租赁所得额的计算做了如下 3 条规定，如表 5-7 所示。

表 5-7 财产租赁所得额扣除费用的相关规定

1	每次收入不超过 4000 元，定额减除费用 800 元；每次收入在 4000 元以上，定率减除 20% 的费用
2	财产租赁所得以一个月内取得的收入为一次，纳税人在租赁期间缴纳的税金及教育费附加，可进行扣除（持完税凭证）

（续）

3	允许扣除的修缮费用，以每次800元为限。一次扣除不完的，准予在下一次继续扣除，直到扣完为止（需提供有效、准确凭证，证明实际修缮支出费用）

其中“次”是指一个月内所取得的收入为一次；若一次取得属于数月、数年的租金收入，也可以根据合同和实际所得所属月份分别计算（需要确认）。

财产租赁所得涉及多项准予扣除费用及定率减除费用，其中扣除顺序及计算公式如表5-8所示。

表5-8 财产租赁所得额的扣除顺序及计算公式

财产租赁所得扣除顺序	财产租赁所得额计算公式
1. 财产租赁过程中缴纳的税费 2. 纳税人负担的该出租财产实际开支的修缮费用 3. 税法规定的费用扣除	每次（月）收入不超过4000元的： 应纳税所得额＝每次（月）收入额－准予扣除项目－修缮费用（800元为限）−800元
	每次（月）收入超过4000元的： 应纳税所得额＝［每次（月）收入额－准予扣除项目－修缮费用（800元为限）］×（1−20%）

财产租赁所得适用比例税率，税率为20%。

财产租赁所得中准予扣除的相关规定，为纳税筹划提供了一定的空间。扣除费用中关于4000元的标准，超过4000元，按定率减除 20% 的费用；若没超过 4000 元，直接扣除 800 元费用，扣除比例比前者大。因此，可以通过将租赁所得进行分散，采用多次缴纳的方式进行纳税筹划，以减少所得税赋税。

假设，付先生将写字楼的一层进行对外出租，年租金为 36 万元。现有两种出租方案。方案一，将一整层出租给一家集团公司，月租金为 3 万元，租期为一年。方案二，将这层写字楼出租给 10 家小公司，期限为一年，每家月租金为 3000 元。不考虑其他税费的情况下，付先生应该选择哪个方案？

不同租赁方案下需缴纳的个人所得税（按年计算），如表 5-9 所示。

表 5-9　不同租赁方案下需缴纳的个人所得税（按年计算）

租赁方案及两者比较	需缴纳个人所得税
方案一	30000×（1−20%）×20%×12=57600（元）
方案二	（3000−800）×20%×10×12=52800（元）
方案二比方案一节税	57600−52800=4800（元）

但这种方式有适用条件，若将以上案例中的年租金变为 48 万，则月租金为 4 万元，且仍然有两种租赁方式。不同方案下月需缴纳的租赁所得税比较，如表 5-10 所示。

表 5-10　不同租赁方案下需缴纳的个人所得税（按月计算）

租赁方案	需缴纳个人所得税
方案一：将一整层租给一家集团公司，月租金为 40000 元，租期 1 年	40000×（1−20%）×20%=6400（元）
方案二：将这层写字楼租给 10 家小型公司，月租金为 4000 元，租期为 1 年	（4000−800）×20%×10=6400（元）

此时方案一与方案二需缴纳的所得税完全一样，实则是因为将租赁所得额分散之后每次的所得额与未进行分散的所得额都适用定率扣除率 20%，这样便没有扣减 800 元与 20% 的差额，所以起不到节税的效果。因此，在对租赁所得进行纳税筹划时，需要灵活运用多次扣缴与分散额度，使得筹划之后的每次所得额与未筹划之前的所得额适用不同的扣减费用，这样才能达到节税的效果。

5.6.2 对财产转让所得的纳税筹划

本小节关于财产转让所得的纳税筹划，主要介绍个人房产转让所得，并利用相关政策进行纳税筹划的两种方法。

1. 个人房产转让所得，采用核定征收方式

在企业所得税、个体工商户、个人独资企业、合伙企业中我们运用了核定征收的方法，通过运用核定征收适用税率与筹划前的税率差异来达到减少节税的效果。但一般核定征收方式适用企业所得税征收，对于个人所得税中一些特殊情况也可采用核定征收方法，范围较小。因此，对于房产转让所得中进行纳税筹划便是运用特殊政策将个人所得税征收方式转化核定征收的方式。

根据《中华人民共和国个人所得税法实施条例》中相关规定，财产转让所得应税所得额为，按照一次转让财产的收入额减除财产原值和合理费用后余额。适用比例税率，税率为20%。

《国家税务总局关于个人住房转让所得征收个人所得税有关问题的通知》（国税发〔2006〕108 号）、《个人所得税法实施条例》中规定，对于纳税人未提供完整、准确的房屋原值凭证，不能正确计算房屋原值应纳税额的，对其实行核定征税，即按纳税人住房转让收入的一定比例核定应纳个人所得税所得额。

例如，章先生 26 年前以 120 万元购入了一套房产，但由于时间久远，章先生将购置发票等相关凭证丢失。现章先生准备将这套房产以 900 万元卖出，应该如何进行纳税筹划？

采用核定征收的方法纳税（不考虑其他税收，只考虑个人所得税），核定征收适用 3% 的税率，因此需缴纳个人所得税：900 × 3%=27（万元）。

若不进行纳税筹划，章先生需缴纳个人所得税：(900−120) × 20%=156（万元）。

进行纳税筹划后节税：156−27=129（万元）。

2. 准备二次出售的房子，近亲属间选择买卖

在增值税纳税筹划中，有选择运用“近亲属赠予”免征增值税相关政策，通过赠予的方式达到免税的效果。但若房屋还考虑二次出售的话，则选择买卖则会更加节税，因为二次出售会征收20%的个人所得税，而赠予的房子原值是从赠予人取得时的原值计算的，应纳税额会比买卖的大，所以缴纳的税会更多。

例如，陈先生准备退休后回老家养老，现打算将自己2000年以100万元购买的唯一的一套普通住宅转让给自己儿子（儿子名下无房产），并且由自己的儿子进行出售。现在有两种方式可以选择。

方案一：将该套房子赠予儿子，3年后由儿子再将该套房子以800万元出售。

方案二：将该套房子以500万元出售给自己的儿子，3年后由儿子再将该套房子以800万元进行出售。

若采取方案一，首先赠予的方式，享受赠予免税政策，当其儿子出售时需缴纳个人所得税：(800−100)×20%=140（万元）。

若采取方案二，陈先生采取买卖的方式将房子卖给儿子，因符合“满五唯一”的条件，便可以享受相关免税政策，当儿子再将房子出售时需缴纳个人所得税：(800−500)×20%=60（万元）。

方案二比方案一节税：140−60=80（万元）。

【税筹实战练习】

请你谈谈财产租赁纳税筹划的原理以及如何才能保证纳税筹划能发挥节税作用。

第 6 章

不容忽视的小税种：其他税种的纳税筹划

俗话说，“聚沙成塔，集腋成裘”。在企业税收管理中也是如此。除了增值税、企业所得税、个人所得税等几大税种外，企业也需要关注不容忽视的小税种，小税种的纳税筹划也尤为重要。本章将带你了解资源税、行为税、财产税的纳税筹划方式。

6.1 资源税：对特定“资源”征税

企业的经营、发展与必要的资源息息相关，对资源在企业经营中产生的税收行为进行纳税筹划，是减少企业成本，获取更大利润的重要方式。掌握资源税并灵活运用纳税筹划对于经营与资源高度相关的企业尤为重要。

6.1.1 资源税的纳税筹划

想要灵活对资源税进行纳税筹划，首先需要了解何为资源税，包括资源税的纳税主体、资源税应税税目、资源税的计算方式以及资源税的相关优惠政策。

1. 何为资源税

资源税的纳税主体指开发、利用国家资源的单位和个人。应税税目主要包括能源矿产、金属矿产、非金属矿产、水气矿产和盐。每类税目下具体包含的应税资源，如表 6-1 所示。

表 6-1　各类资源税税目下具体资源种类

应税税目	具体资源种类
能源矿产	原油、天然气、页岩气、天然气水合物、煤、煤成（层）气、铀、钍、油页岩、油砂、天然沥青、石煤、地热
金属矿产	黑色金属：铁、锰、铬、钒、钛； 有色金属：铜、铅、锌、锡、镍、锑等
非金属矿产	矿物类：高岭土、石灰岩、磷、石墨、萤石； 岩石类：大理岩、花岗岩、白云岩、石英岩石、砂岩、辉绿岩； 宝玉石类：宝石、玉石、宝石级金刚石、玛瑙、黄玉、碧玺
水汽矿产	二氧化碳气、硫化氢气、氦气、氡气、矿泉水
盐	钠盐、钾盐、镁盐、锂盐、天然卤水、海盐

资源税实行从价计征和从量计征两种方式。从价计征的计算公式：应纳税额＝销售额 × 适用税率；从量计征的计算公式：应纳税额＝销售数量 × 单位税额。

《中华人民共和国资源税法》规定了相关优惠政策，如表 6-2 所示。

表 6-2 资源税相关免税、减税政策

免征、减征资源税	具体情形
免征资源税	开采原油以及在油田范围内运输原油过程中用于加热的原油、天然气
	煤炭开采企业因安全生产需要抽采的煤成（层）气
减征资源税	从低丰度油气田开采的原油、天然气，减征 20% 资源税
	高含硫天然气、三次采油和从深水油气田开采的原油、天然气，减征 30% 资源税
	稠油、高凝油减征 40% 资源税
	从衰竭期矿山开采的矿产品，减征 30% 资源税

同时，资源税法还规定：纳税人的免税、减税项目，应当单独核算销售额或者销售数量；未单独核算或者不能准确提供销售额或者销售数量的，不予免税或者减税。

2．资源税纳税筹划方案

资源税的纳税筹划方式主要有 3 种。

（1）区分不同税目应税产品，准确核算销售额

根据《中华人民共和国资源税法》（中华人民共和国主席令第三十三号）、《财政部 税务总局关于资源税有关问题执行口径的公告》（财政部 税务总局公告 2020 年第 34 号）中相关规定，纳税人

开采或者生产不同税目应税产品的，应当分别核算不同税目应税产品的销售额或者销售数量；未分别核算或者不能准确提供不同税目应税产品的销售额或者销售数量的，从高适用税率。因此，纳税人在进行不同税目产品的生产开发时，应该准确区分不同税目下的资源种类，同时准确核算销售数量以及销售额，避免因未准确区分核算而需适用高税率，造成不必要的税收开支。

例如，河北宣化某矿场 2017 年正式开业，生产销售铁矿石。假设 2020 年 8 月该矿场销售原矿 3 万吨，每吨价格 750 元。在开采铁矿石的过程中还开采销售伴生矿 150 吨，每吨价格 6000 元。当地规定铁矿石原矿适用税率为 5%，锰矿石适税率为 8%。但由于该矿石老板未对各矿石销售额区分做准确记录，只知道现销售额总计 2340 万元（3 × 750+0.015 × 6000），因此需从高税率计税，适用 8% 的税率。

若从高计税需缴纳资源税：（3 × 750+0.015 × 6000）× 8%=187.2（万元）。

若老板能准确区分记录各种原矿的销售数量、销售额，则按照不同税目应税产品核算销售额需缴纳资源税：

3 × 750 × 5%+0.015 × 6000 × 8%=119.7（万元）。

因此比适用从高税率节税共计：187.2−119.7=67.5（万元）。

（2）合理运用折算比

同时，《中华人民共和国资源税税法》也规定纳税人不能准确提供应税产品销售数量的，以应税产品的产量或者主管税务机关确定的折算比换算成的数量为计征资源税的销售数量。

当企业无法确认原矿使用数量时，若税务机关确定的选矿比相较于实际选矿比高，采用税务机关确定的选矿比所缴纳的资源税比实际低。

假设，甲铁矿 2020 年 9 月份销售铁原矿 3 万吨，移送入选精矿 9000 吨，按照规定该铁矿适用税率为 2 元／吨，假设税务机关确定的选矿比为 35%，而该矿山的实际选矿比为 15%。

按照实际选矿比需缴纳资源税：3 × 2+0.9／15% × 2=18（万元）。

若无法确认原矿使用数量需按照税务机关确定的 35% 计算，需缴纳的资源税：3 × 2+0.9/35% × 2=11.14（万元）。

节税共计：18−11.14=6.86（万元）。

（3）利用资源税相关优惠政策

根据资源税相关优惠政策，对于减税免税项目，应该单独核算销售额或者销售数量，避免因未单独核算造成的无法减免。

例如，假设 A 煤矿 2020 年 11 月销售原煤 8 万吨，销售价格为 500 元／吨，在原煤的开采过程中因安全生产需要抽采的煤成（层）气 8 万立方米，同时出售煤成（层）气 8 万立方米，销售价格为 2 元／m^3。根据规定，该企业原煤适用的资源税税率为 5%，煤成（层）气资源税税率为 1%。

应该如何进行纳税筹划？将A煤矿中减税、免税项目单独核算销售额，因安全开采、生产中抽取的煤成（层）气享受免征政策，因此煤成（层）气的销售额：8×2=16（万元），免税。

原煤的销售额：8×500=4000（万元），应缴纳资源税：4000×5%=200（万元）。

将免税项目单独核算销售额后，节税：16×1%=0.16（万元）。

6.1.2 土地增值税的纳税筹划

随着房地产行业的兴起，土地增值税也逐渐成为老板们不容小觑的税种。

1. 何为土地增值税

土地增值税是指转让国有土地使用权、地上的建筑物及其附着物并取得收入的单位和个人，以转让所取得的收入包括货币收入、实物收入和其他收入减去法定扣除项目金额后的增值额为计税依据向国家缴纳的一种税赋。

简言之，若A企业向B企业（或个人）转让一栋写字楼，此时A企业需承担土地增值税，土地增值税被称为“卖方税”。

土地增值税的征收范围，如表6-3所示。

表 6-3 土地增值税的征收范围

事项	是否征收土地增值税
土地使用权转让	是
土地使用权出让	否
转让建筑物产权	是
继承	否
赠予	否（若赠予直系亲属、直接赡养义务人；通过中国境内非营利的社会团体、国家机关赠予教育、民政和其他社会福利、公益事业）
	是（其他捐赠）

土地增值税的计算公式：应纳土地增值税 = Σ（每级距的增值额 × 适用税率）。

增值额 = 纳税人转让房地产所取得的收入 − 扣除项目金额。

扣除项目金额 = 取得土地使用权所支付的金额 + 开发土地的成本、费用 + 新建房及配套设施的成本、费用（或旧房及建筑物的评估价格）+ 与转让房地产有关的税金 + 财政部规定的其他扣除项目。

通常情况下，由于分段计算比较复杂，所以一般采用速算扣除法计算土地增值税。

土地增值税的具体税率及采用速算扣除法的计算方式，如表

6-4 所示。

表 6-4　土地增值税的具体税率及采用速算扣除法的计算方式

级距	土地增值税税率	速算扣除系数	增值税税额计算公式
增值额未超过扣除项目金额的 50%	30%	0	增值额 ×30%
增值额超过扣除项目金额的 50%，未超过 100%	40%	5%	增值额 ×40%− 扣除项目金额 ×5%
增值额超过扣除项目金额的 100%，未超过 200%	50%	15%	增值额 ×50%− 扣除项目金额 ×15%
增值额超过扣除项目金额的 200%	60%	35%	增值额 ×60%− 扣除项目金额 ×35%

纳税人建造普通标准住宅出售，增值额未超过扣除项目金额的 20% 的，免征土地增值税；增值额超过扣除项目金额 20% 的，应就其全部增值额按规定计税。

2. 土地增值税的纳税筹划

根据土地增值税的计算公式可知，若想减少土地增值税的缴纳，可以通过两种方式达到目的。方式一，控制或减少增值额；方式二，增加扣除费用。同时还可以利用相关免税政策，达到节税效果，因此，对土地增值税的纳税筹划均是围绕这 3 个方面展开。

（1）分散收入

对于包含装修以及相关设备的房屋转让时，老板可以考虑签订两份合同，将其中可以单独处理的部分从整体中分离，单独签订合同，这样便可以达到分散收入的效果，将增值额控制在较小的范围内，适用较低的土地增值税税率。第二份合同虽增加了增值税（之前的营业税），但因增值税适用税率为 11%，远低于土地增值税最低适用税率 30%，使得转化成增值税（之前的营业税部分）的部分也会因土地增值税的大额减少而足以抵销，从而达到企业总的税收降低的效果。

假设，甲企业拟销售一栋商品房，售价为 1000 万元（不含税），其中包含装修以及相关设备 400 万元（不含税），允许扣除的费用为 600 万元。

若不进行纳税筹划，甲企业增值额：1000−600=400（万元），增值额占扣除费用：400/600 × 100%=67%（土地增值税适用税率为 40%）。

因此，需缴纳土地增值税：400 × 40%−600 × 5%=130（万元）。

利用分散收入的原理进行纳税筹划，甲企业将该商品房的销售设立两个合同：房屋出售合同（不包含装修费用及相关设备），合同中房屋售价为 600 万元，允许扣除的费用为 400 万元；房屋装修及相关设备合同，装修费用 400 万元（不含税），允许扣除成本 200 万元。

筹划后甲企业增值额：600−400=200（万元），增值额占扣除费用：200/400×100%=50%（土地资源税适用税率30%）。

因此，筹划后甲企业需缴纳土地增值税：200×30%=60（万元）。

不考虑其他税收，通过分散收入后，节税共计：130−60=70（万元）。

这时很多人可能会问，进行纳税筹划后，将装修及相关设备单独设立合同会带来增值税的增加，不需考虑吗？这样单纯只考虑土地增值税减少，而不考虑变化后另一项税收的增加，得出的节税结论会不会有误？

在此案例中，进行纳税筹划后，虽然将装修及相关设备单独设立合同后，会转化成增值税（之前的营业税），此部分土地增值税便不用缴纳，但由于转化后适用的增值税税率远低于未转化前此部分需缴纳的土地增值税税率，同时还降低了总的土地增值额（又会减少一部分税收），所以整体纳税额是会降低的。因此，在此案例中未将所有整体所需缴纳的税收进行计算，但不影响最终判断。

（2）合理利用土地增值税的税收优惠，合理把握免税临界点

根据《中华人民共和国土地增值税法》及相关政策规定，纳税人建造普通标准住宅出售，增值额未超过扣除项目金额的20%的，免征土地增值税；增值额超过扣除项目金额20%的，应就其全部增值额按规定计税。因此，纳税人需合理利用免税临界点。

假设，甲房地产企业拟销售一套普通住宅，售价为 1210 万元，扣除项目金额为 1000 万元。

不考虑其他税收情况，甲企业未进行筹划前，则增值额：1400−1000=210（万元），增值额占扣除费用：210/1000×100%=21%（土地增值税适用税率为 30%），因此需缴纳土地增值税：210×30%=63（万元）。

若将售价下调 10 万元，允许扣除项目的费用不变，则增值额：1200−1000=200（万元），增值额占扣除费用：200/1000×100%=20%（未超过扣除项目金额的 20%，免征收土地增值税）。

因此，虽然将价格下调了 10 万元，但最终节税 63 万元，仍增加利润 53 万元。

（3）灵活运用利息支出核算法

利息费用是房地产开发企业经营中涉及的重要支出，根据准予扣除的相关规定，选择利息支出的核算方法，实则是基于增加扣除项目金额即房地产开发费用的纳税筹划原理。根据《土地增值税暂行条例实施细则》的规定，利息支出分两种情况确定扣除，凡能按转让房地产项目计算分摊利息并提供金融机构证明的，允许据实扣除，但最高不能超过按商业银行同期贷款利率计算的金额。超过货款期限的利息和加罚的利息均不允许扣除。

此种情况下，房地产开发费用 =（取得土地使用权所支付的金额 + 房地产开发成本金额）× 扣除比例（5% 以内）+ 允许扣除的利息费用。

凡不能按转让房地产项目计算分摊利息支出或不能提供金融机构证明的，利息支出不得单独计算，而应并入房地产开发费用中一并计算扣除。

此种情况下，房地产开发费用 =（取得土地使用权支付的金额 + 房地产开发成本金额）× 扣除比例（10%以内）。

老板可以根据自身情况选择利息扣除核算方法，以获得最大扣除金额。

例如，A 房地产企业开发一处房产，取得土地使用权所支付的金额为 800 万元，房地产开发成本为 1000 万元。财务费用中能按转让房地产项目计算分摊利息支出为 150 万元（不超过按商业银行同类同期贷款利率计算的金额）并能提供金融机构证明。

A 企业采用哪种方式核算利息支出扣除的金额更大呢？

若提供金融机构证明，则 A 企业房地产开发费用：（800+1000）× 5%+150=240（万元），即可扣除的最高费用为 240 万元。

若不能提供金融机构证明，则 A 企业房地产开发费用：（800+1000）× 10%=180（万元），即可扣除的最高费用为 180 万元。

因此 A 企业选择提供金融机构的证明，可扣除的最高费用为 240 万元。相比与不能提供金融机构证明的核算方式，可多扣除 60 万元的费用。

是否房地产企业均选择提供金融机构证明更节税呢？答案是否定的。

假设，A 房地产企业开发一处房产，取得土地使用权所支付的金额为 800 万元，房地产开发成本为 1000 万元。财务费用中能按转让房地产项目计算分摊利息支出为 80 万元（不超过按商业银行同类同期贷款利率计算的金额）并能提供金融机构证明。

若 A 企业选择提供金融机构的证明，可扣除的最高费用：(800+1000)×5%+80=170（万元）。

若选择不能提供金融机构的证明，可扣除的最高费用：(800+1000)×10%=180（万元）。

此种情况下，若 A 企业不能提供金融机构的证明可扣除的费用更多。

根据以上两个例子，老板需灵活运用利息支出的核算方式，通过比较两种方式，选择能扣除的最高费用。

（4）合理管理核算对象

合理管理核算对象，实则是指当房地产公司涉及不同类型的房产开发时——既涉及普通住宅又涉及别墅、高档公寓等其他房产开发时，需灵活运用分开管理与统一管理的方式。

例如，甲企业为房地产开发公司，涉及的房产开发项目包括普通住宅与高档别墅。其中豪华别墅预计销售额为 1.2 亿元，可扣除的金额为 6000 万元，普通商品房销售额预计 2.4 亿元，可扣除的金额为 2 亿元。

若甲企业将两种类型的房产项目分开管理，分开核算：

普通商品房的增值额：2.4−2=0.4（亿元），增值额占扣除费用：0.4/2 × 100%=20%，免征土地增值税。

高档别墅增值额：1.2−0.6=0.6（亿元），增值额占扣除费用：0.6/0.6 × 100%=100%，需缴纳土地增值税：0.6 × 40%−0.6 × 5%=0.21（亿元）。

合计需缴纳土地增值税：0.21 亿元。

若甲企业将两种类型的房产项目统一管理、核算：

增值额：(1.2+2.4) − (2+0.6) =1（亿元），增值额占扣除费用：1/ (2+0.6) =38%（适用土地增值税税率 30%），合计应缴纳土地增值税额：1 × 30%=0.3（亿元）。

分开管理节税：0.3−0.21=0.09（亿元）。

通过比较，这种情况下，选择将两种类型的房产项目分开管理、核算节税 0.09 亿元。

若上例中改变了条件，普通住宅的增值率大于 20%，情况可能又不一样。所以，房地产老板应该灵活选择管理方式，根据不同的情况选择最节税的方案。

【税筹实战练习】

A 企业建造一栋标准普通住宅，经过核算，税法规定的扣除项目金额为 5000 万元，A 企业原定不含增值税销售价格为 6500 万元。若仅考虑土地增值税，不考虑其他税费，可以如何做纳税筹划？

答案：建议 A 公司加大对住宅的装修，将扣除项目金额提高至 7500 万元，但增值额仍保持在 1500 万元，此时的增值税税率：1500/7500=20%，可免征土地增值税，减轻税负 450 万元。

若按照原方案，该项目需缴纳增值税额：6500−5000=1500（万元），增值税率：1500/5000×100%=30%，需缴纳增值税 30%×1500=450（万元）。

6.2 行为税：经济监督的有效手段

顾名思义，行为税是对企业或个人在生产经营中的某些特定行为征收的一种税。因此，对行为税进行纳税筹划是企业或个人在节税中不容忽视的环节。

6.2.1 印花税的纳税筹划

印花税税率虽较低，赋税较轻，但其税源广泛，征税普遍，对于长期发生印花税行为的企业来说，了解印花税并对其进行合理的纳税筹划也是企业节税的重要方式。

1. 何为印花税

印花税是对经济活动和经济交往中订立、领受具有法律效力的凭证的行为所征收的一种税。它是一种兼有行为性质的凭证税，具有征收面广、税负轻的特点。因采用在应税凭证上粘贴印花税票作为完税的标志而得名。

（1）印花税的征税对象

印花税纳税对象分为五类：立合同人、立据人、立账簿人、领受人、使用人。

立合同人是指订立合同的当事人，即对凭证有直接权力关系的人。可以是两人，也可以是多人，不包括合同的担保人、证人、鉴定人。

立据人一般指订立产权转移书据的双方。

立账簿人是指设立并使用营业账簿的单位和个人，企业因生产经营需要设立营业账簿，企业即为印花税纳税人。

领受人是指领取并持有权利、许可证照的单位和个人，例如领取房屋产权证的个人为印花税的纳税人。

使用人是指国外书立、领受，但在国内使用的应税凭证，其纳税人是使用人。

印花税的应税凭证包括合同或合同性质的凭证、产权转移书据、营业账簿和权利、许可证照以及上市交易或者挂牌转让的公司股票和以股票为基础发行的存托凭证。

（2）印花税的应税目与税率

印花税税目种类繁多，数量巨大，不同税目所对应的印花税税率也各不相同。以下列举了常见印花税税目及其对应的税率，具体如表 6-5 所示。

表6-5　常见印花税税目及其对应的税率

印花税税目	具体内容	印花税税率
技术合同	包括技术开发、转让、咨询、服务等合同	0.3‰
产权转移书据	包括财产所有权、版权，商标专用权、专利权、专有技术使用权等转移书据	0.5‰
建设工程勘察设计合同	包括勘察、设计合同	0.5‰
建筑安装工程承包合同	建筑安装工程承包合同(包括总包合同、分包合同和转包合同)	0.3‰
财产租赁合同	包括租赁房屋、飞机、机动车辆、机械、器具、设备等	1‰
货物运输合同	民用航空、铁路运输、海上运输、内河运输、公路运输和联运合同	0.5‰
仓储保管合同	包括仓储、保管合同	1‰
购销合同	包括供应、预购、采购、购销结合及协作、调剂、补偿、易货等合同	0.3‰
加工承揽合同	包括定做、加工、修理、印刷、广告等合同	0.5‰
借款合同	银行及其他金融组织和借款人（不包含银行同业拆借）所签订的借款合同	0.05‰

（续）

印花税税目	具体内容	印花税税率
财产保险合同	包括财产、责任、保证、信用等保险合同	1‰
权利许可证照	房屋产权证、土地使用证、工商营业执照、商标注册证、专利证	按件贴花5元
证券（股票）交易股权转让书据A、B股	字面含义	1‰
营业账簿中记载资金的账簿	字面含义	2018年5月1日起对按0.5‰税率贴花的资金账簿减半征收印花税
营业账簿中的其他账簿	字面含义	对按件贴花5元的其他账簿免征印花税

2．印花税纳税筹划实例

对印花税进行纳税筹划的方案有两种。

（1）分开核算，避免从高认定

在企业经营活动中，通常一项合同涉及多项经济事项。根据《中华人民共和国印花税暂行条例》及相关政策规定，同一应税凭证记载有两个或两个以上经济事项并分别列明价款或者报酬的，按照各自适用的税目、税率计算应纳税额：未分别列明价款或者报酬的，按税率高的计算应纳税额。因此，企业在签订包含多个经济事项的合同时，应该明确各不同经济项目的价款或者报酬，避免从高适用税率。

例如，A企业与B企业为长期合作企业，B企业为物流企业，负责出口货物的运输。在2019年6月30日，A企业与B企业签订合同，约定由B企业为A企业的某批出口货物提供保管服务和运输服务，金额共计100万元。

在该案例中，由于A企业与B企业签订的合同中，包含两项经济事务，但却没有分别列明价款或者报酬，所以印花税从高认定（货物保管合同适用1‰税率，货物运输合同适用0.5‰，因此总合同金额适用1‰的税率）。

需缴纳印花税：100×1‰=0.1（万元）。

若在合同中明确列明货物运输费用为70万元，保管费用为30万元，则应缴纳印花税：70×1‰+30×0.5‰=0.085（万元）。

纳税筹划后节税共计：0.1−0.085=0.015（万元）。

由上述两种方式比较发现，在合同中明确列明各项经济活动报酬或价款更加节税。

（2）保守设立合同金额，减少资金占用

印花税是一种行为税，一旦签订合同，纳税义务就已经产生，且需要纳税人按照规定计税、纳税，无论合同约定是否履行。由此，老板在签订合同时需要保守设立合同金额，避免过多缴纳印花税。虽然根据相关规定，后期依据实际修改合同金额后，可申请退税，但资金是有时间价值的，过多的占用企业资金也会影响企业经营及利润。

例如，甲企业为一家商贸公司，主要从事婚庆用品销售。2019 年 7 月初，婚庆用品销售量剧增，公司预计下半年销售额会大增，打算从乙企业采购 2000 万元婚庆相关用品，双方在 2019 年 8 月 1 日签订购货合同。2019 年 9 月底，发现销售量远达不到预计销售量，因此在 2019 年 10 月 5 日紧急联系厂家并修改了采购合同金额，将原采购 2000 万元婚庆用品的合同修改为采购 1000 万元的婚庆用品。

在 2019 年 8 月 1 日双方签订订购合同时，纳税人纳税义务便产生。需缴纳印花税：2000×0.3‰=0.6（万元），销售额达不到预计，因此只能等后期退税，占用了资金。

若第一次签订合同时便保守估计销售金额 1000 万元，并按照 1000 万元签订合同，在 2019 年 8 月 1 日时只需缴纳印花税：1000×0.3‰=0.3（万元）。

保守设立合同金额后，少占用资金 0.3 万元。

6.2.2 车辆购置税的纳税筹划

车辆购置与个人生活息息相关，对车辆购置进行合理的纳税筹划能让我们少花“冤枉钱”，获得更大的经济效用。

1. 选择一般纳税人身份的 4S 店

车辆购置税的应税额不含增值税，因此在计税时需要将含税价格转换成不含税价款。若 4S 店为一般纳税人的身份则适用 13% 的增值税税率，若 4S 店为小规模纳税人，则适用 3% 的征收率。在同等含税价格下，若从一般纳税人身份的 4S 店购买，则转化后的不含税价款即应税额比从小规模纳税人中购买的要低，最后购置税也会低。

例如，黄先生从某 4S 店中购买一辆 40 万元价款的车（不考虑其他因素），该 4S 店为一般纳税人，适用 13% 的增值税税率。

黄先生需缴纳车辆购置税：40／(1+13%)×10%=3.54（万元）。

若黄先生从小规模纳税人身份的 4S 店购买同款车（同样为 40 万元，不考虑其他因素）。征收率为 3%，黄先生需缴纳车辆购置税：40／(1+3%)×10%=3.88（万元）。

同等价款情况下，选择一般纳税人身份的 4S 店购买比选择小规模纳税人身份的 4S 店购买节税：3.88−3.54=0.34（万元）。

2. 降低应税价格

根据车辆购置税的计算公式可知，若想节税，必须从降低车辆应税价格入手。而纳税人购买自用的应税车辆的计税价格，为纳税人购买应税车辆而支付给销售者的全部价款和价外费用，不包括增值税税款。其中价外费用包括收取的手续费、补贴、基金、集资费、返还利润、奖励费、违约金、滞纳金、延期付款利息、赔偿金、代收款项、代垫款项、罚息及其他各种性质的价外收费。在购买车辆的过程中，除支付车款外，还需支付正常投入使用所需的牌照费、保险费（这些通常由 4S 店代办），另外还会购买汽车贴膜、GPS 导航、座椅套等车内装饰。

根据《中华人民共和国车辆购置税法》及相关规定，对于车辆销售单位代收的牌照费、保险费等款项，凡使用代收单位票据收取的，则视为价外费用，并入计税依据中缴纳车辆购置税；凡使用委托方的票据收取、受委托方只履行代收义务的或收取手续费用的，不计入计税依据。

所以，个人或老板在购买车辆时，可通过分次购买的方式，先购车，支付车价款，以后再购买各种车内用具和装饰，各自开票。其次选择使用委托方（保险公司、车管所）的票据收取，即 4S 店只履行代收义务的方式支付保险费用、牌照费用。这样个人支付保险费用、牌照代办费用便不会计入车辆购置税应税额中，起到降低应税价格的效果。

例如，某企业的高总在 2020 年 8 月从某 4S 店（该 4S 店为一般纳税人）购买了一辆小轿车，支付购车款 40 万元（含增值税），代办保险费 8000 元、牌照费 500 元；换购车内音响、GPS、行车记录仪等购买车内用具共计 1 万元，购买车内装饰 1000 元。各项款项汇总后由汽车销售公司开具在一张发票上。

若不进行纳税筹划，高总车辆购置税应税额：（40+0.8+0.05+1+0.1）/（1+13%）=37.12（万元）。

因此，高总需缴纳车辆购置税共计：37.12×10%=3.71（万元）。

若进行纳税筹划，则可以将代办保险费、牌照费由委托方（保险公司、交管局）各自开具发票（不会计入车辆购置应税额）。其次，车内用具及装饰下次单独购买。

筹划后需缴纳车辆购置税：40/（1+13%）×10%=3.54（万元）。

筹划后节税共计：3.71−3.54=0.17（万元）。

【税筹实战练习】

请你以企业或个人在4S店内购置某款轿车为模拟场景，为其出具一份纳税筹划方案。

6.3 财产税：提高财产使用效果

财产税是以纳税人所有或属其支配的财产为课税对象的一类税收。对于企业或个人来说，对财产税进行纳税筹划实际是增加财产性收入、提高财产利用率的重要途径，以此达到追求利润最大化的目标。

6.3.1 房产税的纳税筹划

房产税是以房屋为征税对象，按房屋的计税余值或租金收入为计税依据，向产权所有人征收的一种财产税。房产税的征税范围限于城镇的经营性房屋。对建在城市、县城、建制镇和工矿区的经营性房屋征税，对建在农村的房屋不管是否用于经营，都不征税。

房产税的计征方式有两种，即从价计征、从租计征，具体释义及计算方法如表 6-6 所示。

表 6-6 从价计征与从租计征的具体释义与计算方法

计征方式	具体释义	计算方法
从价计征	按照房产计税价值征税，依照房产原值一次减除 10% 至 30%（具体扣除率由省、自治区、直辖市人民政府规定）后的余值计算缴纳，税率为 1.2%	应纳房产税 = 房产原值 ×（1− 扣除率）×1.2%
从租计征收	按照房产租金收入计征，税率为 12%	房屋租金 ×12%

对房产税进行纳税筹划的方法主要有 3 种。

1. 合理选择计税方式

根据《中华人民共和国税法》中的相关规定，若房产用于出租的，必须按租金计算房产税。由于两种计征方式的差异，当房屋租金较高而房屋原值较低时，若从租计征则比从价计征所计算的房产税要高，因此在这种情况下根据实际情况合理转变经营方式，是节税的关键。

例如，A 企业为一家物流企业，早期由于物流迅猛发展，企业为储存商品建立了大量仓库。但随着行业竞争的加剧，A 企业业务量有下降的趋势，部分库房处于闲置状态。近些年来 A 企业将这些闲置的库房进行出租，但整个租赁过程的综合赋税约为 20%，企业负担过重。企业用于出租的库房原值为 3000 万元，年租金为

500 万元。由于其税收不影响筹划结果，因此不计入考虑。

在纳税筹划之前，A 企业库房为租赁性质，必须从租计税，因此需缴纳房产税：500 × 12%=60（万元）。

纳税筹划方法：改变租赁性质后从价征收。

A 企业与承租方协商，将原租赁服务改为仓储保管服务。即 A 企业仍提供仓库存放承租方的商品，同时 A 企业增加服务内容，为承租方配备保管人员，提供 24 小时的服务。

筹划后 A 企业需要增加费用支出 18 万元，且增加的服务不盈利，即收取的仓储费为房租租赁费加 18 万元，承租方也非常满意。

改变经营性质后 A 企业可采用从价征收，需缴纳房产税：3000－（1－30%）×1.2%=25.2（万元），比筹划前节税：60－25.2=34.8（万元）。

2. 合理减少应税租金

减少应税租金实则是通过将租金范围内可剔除的收入单独核算，相应减少应税租金，从而起到节税的效果。

例如，甲企业将一栋房产租赁给乙企业，房产周围配套设施齐全，物业服务完善。甲企业与乙企业签订合同规定：年租金 3000 万元（包含代收水电费 40 万元、物业管理费 180 万元、网络宽带费 40 万元）。

按照上述合同约定，甲企业需缴纳房产税：3000 × 12%=360（万元）。

实则甲企业在租赁过程中，代收费用是可以单独核算，不计入房产税应税额，这样减小税基。

单独核算后需缴纳房产税：（3000−40−180−40）×12%=316.8（万元）。

纳税筹划后节税：360−316.8=43.2（万元）。

还可以利用该原理对其他收入进行纳税筹划，需符合实际且合理。

3. 合理减少房产原值

根据房产税征收范围，在纳税筹划中可将独立于房产外的建筑物，如喷泉、游泳池等分建筑费单独计入会计账簿，单独进行核算，这样便减少了房产原值，最终达到节税的效果。

例如，A企业拟建设一套高档写字楼用于企业经营，该项工程预计总价为2亿，其中包含围墙、室外游泳池等工程造价为600万元。那么企业该如何进行纳税筹划？

将房产以外的建筑物单独计入会计账簿核算，则这部分建筑物的造价则不会计入房产原值，因此不缴纳房产税。

筹划前年应缴纳房产税：20000（1−30%）×1.2%=168（万元）。

筹划后年应缴纳房产税：（20000−600）×（1−30%）×1.2%=162.96（万元）。

筹划后年节税共计：168−162.96=5.04（万元）。

其他免税政策也值得老板关注，灵活运用进行纳税筹划。

6.3.2 契税的纳税筹划

企业经营或个人买卖中常常涉及不动产产权发生转移的变动——由此契税便产生。在讨论对契税进行纳税筹划时，同样首先需要弄清何为契税。

1. 何为契税

契税是指不动产（土地、房屋）产权发生转移变动时，就当事人所订契约按产价的一定比例向新业主（产权承受人）征收的一次性税收。

契税具体的征税范围及释义，如表 6-7 所示。

表 6-7　契税的征税范围及具体释义

契税的征税范围	具体释义
国有土地使用权出让	指土地使用者向国家交付土地使用权出让费用，国家将国有土地使用权在一定年限内让与土地使用者的行为
土地使用权转让	指土地使用者以出售、赠予、交换或者其他方式将土地使用权转移给其他单位和个人的行为
房屋买卖	指以货币为媒介，出卖者向购买者过渡房产所有权的交易行为
房屋赠予	指房屋产权所有人将房屋无偿转让给他人所有
房屋交换	指房屋所有者之间互相交换房屋的行为

契税的计税依据，如表 6-8 所示。

表 6-8　契税的计税依据

<table>
<tr><td rowspan="4">契税的计税依据</td><td>国有土地使用权出让、土地使用权出售、房屋买卖的成交价格</td></tr>
<tr><td>土地使用权赠予、房屋赠予，由征收机关参照土地使用权出售、房屋买卖的市场价格核定</td></tr>
<tr><td>土地使用权交换、房屋交换，为所交换的土地使用权、房屋的价格的差额</td></tr>
<tr><td>以划拨方式取得土地使用权，经批准转让房地产时，由房地产转让者补交契税。计税依据为补交的土地使用权出让费用或者土地收益</td></tr>
</table>

契税的计算公式：应纳税额 = 计税依据 × 税率。

其中契税实行 3%～5% 的比例税率，具体以各地区规定为准。

2. 契税的筹划方法

根据契税的计算方式可知，由于契税税率是一定的，若想进行纳税筹划只能从计税依据入手，通过改变转让方式以此获得税收优惠。

（1）选择房产互换

房产互换的计税依据为地或房屋价格差额，换言之，交换价格相等时，免征契税；因此个人或企业可考虑房产互换的方式交换土地或房产使用权。

例如，章先生在某省A区拥有一套面积为88平方米、市价为300万元的普通住房，由于章先生工作调动到B区，离家较远，上下班不便，于是章先生计划卖掉之前的房子，在现工作地址附近购买一套与原住房价格相同的房子。

章先生的同事小刘得知章先生的购房意愿后，告知章先生恰好自己的姐姐在章先生现办公地址B区附近有一套78平方米的房子，市价300万元，且小刘的姐姐也因为工作的原因，想卖掉B区的房子在A区购买住房（价格也为300万元左右），双方看房都特别满意。

因此，为了节税便可选择房产互换。由于双方房子价格相同，交换后无需缴纳契税。

在筹划前章先生购买住房需缴纳契税：300×1%=3（万元）。

小刘的姐姐购买住房需缴纳契税：300×1%=3（万元）。

纳税筹划后总共节税6万元。

以上例子中若双方房产有差价，双方可以通过协商成相同的价格（但不能低于市场价格）互换，差额可由低价方补齐，这样同样也能达到节税的效果。

（2）运用企业改制重组有关契税的优惠政策

高先生个人拟与同事谭先生成立一家公司（准备采用有限责任公司的形式），注册资本需300万元。高先生准备将自己名下持有的一套价值210万元的临街商铺作为出资（作为公司办公场所），占股70%，谭先生则以现金90万元作为出资，占股30%。

由于高先生将个人名下的商铺作为出资登记到公司名下，涉及房屋所有权转移，则需缴纳契税（契税税率适用税率3%）。

若不进行纳税筹划，则高先生需缴纳契税：210 × 3%=6.3（万元）。

若通过运用契税的相关优惠政策，便可以免征契税。

根据《财政部 税务总局关于继续支持企业事业单位改制重组有关契税政策的通知》（财税〔2018〕17号）中涉及的“资产划转”及“公司股权（股份）转让”政策，“同一自然人与其设立的个人独资企业、一人有限公司之间土地、房屋权属的划转，免征契税”“在股权（股份）转让中，单位、个人承受公司股权（股份），公司土地、房屋权属不发生转移，不征收契税”，进行纳税筹划。

高先生先将个人名下的商铺作为出资，注册成立一人有限责任公司（属于资产划转，免征契税）。然后通过转让股权的方式，转让30%的股权，让谭先生入股，将一人有限责任公司转变为2人投资的有限责任公司（公司股权转让，不征收契税）。

因此利用契税相关优惠政策进行纳税筹划后，可以节税6.3万元。

（3）独立签订合同，减少契税税基

此纳税筹划原理与房产税中“合理减少房产原值”“减少应税租金”的纳税筹划原理实则相同。企业在个人购买房产时通常都会涉及相关附属设施，因此我们需要清楚哪些建筑物、构筑物以及其他无需缴纳契税的设施，这样便可以在签订合同时，将其他费用独立签订合同、核算，起到减少名义契税税基的作用。

【税筹实战练习】

A 企业有一处厂房，工程造价为 400 万元，其中厂房建筑成本为 300 万元，厂区围墙、防护栏、烟囱等建筑成本 100 万元。地方政府要求的扣除比例为 30%。A 企业该如何进行纳税筹划（只考虑房产税）？

答案：应选择将厂区围墙、防护栏、烟囱等建筑成本 100 万元在会计凭证中单独核算，可节税 0.84 万元。

若将全部的建筑物作为房产计入房产原值，则需缴纳房产税共计：

400 × (1−30%) × 1.2%=3.36（万元）。

若将厂区围墙、防护栏、烟囱等建筑成本 100 万元在会计凭证中单独核算，则应缴房产税共计：

(400−100) × (1−30%) × 1.2%=2.52（万元）。

第 7 章
你必须知道的“税务风险点”

近些年来，企业税务风险频发，大量企业被披露存在涉税风险，不仅需承担巨额的经济损失，更甚者还需承担相应的刑事责任，导致企业经营陷入绝境，企业形象瞬间坍塌。很多老板被稽查行为弄得人心惶惶，一时间“税务风险”成了老板们热议的话题。那么，什么是税务风险？企业常见的涉税风险具体指哪些？这些涉税风险又该如何防范和规避呢？本章将为你一一解答。

7.1 你信或不信，税务风险就来了

只有弄清事物的真相和本质，才能从根源上解决问题。而要想规避企业的税务风险，首先需清楚何为税务风险以及税务风险在企业经营中是如何产生的。

7.1.1 何为税务风险

税务风险是指纳税人的纳税行为所产生的未来结果的不确定性，它包含两个方面：其一，指纳税人的纳税行为不符合相关法律、法规的规定，具体表现为应纳税而未纳税、少纳税，从而面临补税、罚款、加收滞纳金、刑罚处罚以及声誉损害等风险；其二，指纳税人因没有准确理解、运用相关税收政策而造成的不必要的税收支出，从而给企业带来了不必要的税收负担。税务风险是企业在经营管理中面临的主要风险之一。

7.1.2 税务风险是怎么产生的

税务风险产生的主要原因有两个，分别是企业外部的原因以及企业内部的原因。

1. 企业外部的原因

首先，企业外部的原因是指伴随中国经济的发展，税收法规在不断完善，主要体现在出台新的法律法规、政策，废止部分旧的税收法规。由于涉及的范围广、类目繁多、各税目及税收政策间高度相关且更新频繁等，给企业纳税增加了难度，也给企业带来了一定的税收风险。其次，税务风险产生的另一企业外部原因，则是由于税务部门加大了对企业税收监管的力度。近些年来相关税务部门不断规范税务征管，加大监管查处力度，这样也会给企业带来一定的税务风险。

2. 企业内部的原因

引起税务风险的企业内部原因主要有以下 4 点。

（1）企业涉税人员专业度不高

企业涉税人员的专业度不高，主要体现在：对于新的税收法规不够敏感、重视，因而没有及时准确掌握相关政策；本身专业素质不够，无法吃透复杂且频繁更新的政策，造成理解偏差。这两种情况虽不是主观意识上的违法操作，但都会因为客观上未按照相关法律法规处理，而造成偷税漏税的不良结果，让企业深陷税务风险泥潭。

（2）企业管理者风险意识薄弱

管理者认为，税收是财务人员的事情，与其他人、其他部门没有关系。殊不知，企业税务与企业经营活动息息相关。管理者对企业经营中各税收环节疏于管理，且企图最后通过财务人员进行账面处理，实则为企业埋下了税务风险隐患。

（3）企业内部税收监管机制不健全

在很多企业内部并没有健全的税收自查机制，也缺乏专业审计人员对企业涉税行为进行监管与核查，因此导致无法科学、合理地评估企业经营状况，无法从源头上防范企业税务风险。也有很多企业虽然设立了相关监管机制，但也只是流于形式，对于企业税收及相关经营也没有一个好的规划，自然无法防范各项经营活动中的税务风险。

（4）不当的纳税筹划

纳税筹划是企业在经营中节税的重要手段，但若片面地追求节税效果，追求经济效益，不考虑筹划是否合法、得当，最终往往会适得其反，增加企业税务风险。

【税筹实战练习】

你认为企业税务风险的产生还有哪些内部原因？

7.2 常见的税务风险，你的企业中了几条

税务风险依附于企业的经营行为，在企业经营中具有具体的表现形式。根据企业财务、税务的经营管理环节，可将税务风险分为“银行的钱”“公司的票”“会计的账”“国家的税”这 4 个常见的风险类型。

7.2.1 “银行的钱”：钱款税务风险

“银行的钱”中所涉及的税务风险，最常见的便是股东常常公私不分，将企业经营收入存入个人账户或频繁地将个人收入存入对公账户。无论出于何种目的，都可能被税务机关认定为存在隐瞒企业真实收入的行为。

1. 企业将经营收入存入个人账户

根据《中华人民共和国税收征收管理法》中第 54 条的相关规定，税务机关依据相关规定有权凭全国统一的检查存款账户许可证

明查询从事生产经营的纳税人扣缴义务人在银行或其他金融机构的存款账户。简言之，税务局有权调查老板的个人储蓄账户。

例如，2018 年 4 月某电子企业的老板被税务部门查出转入个人账户未缴纳税金的收入超过 220 万元，最终补缴税款和罚款总计高达 170 万元。

税务部门目前通过加强金融机构对于个人大额交易与可疑交易进行监控的行为，加强了对企业或相关个人银行账款的监管。

2. 股东将个人收入频繁存入对公账户

若股东频繁地将个人收入存入企业的对公账户，被税务部门稽查，则可能会认为企业存在隐瞒真实收入的行为。即企业赚取的钱没有走对公账户，而是转入了股东的账户——“走私账”，导致企业需要向股东借款作为企业经营费用。

7.2.2 “公司的票”：票据税务风险

票据是企业重要经营活动的依据与凭证。企业在经营活动中应按照规定开具、取得发票以及利用相关票据进行合法抵扣。常见违反发票管理而产生的税务风险主要有以下两种：未按规定取得发票；未按规定开具发票。

1. 未按规定取得发票

很多企业税务风险意识薄弱，对于增值税专用发票的取得不够重视，殊不知这种看似无足轻重的行为，在客观结果上已经给企业造成了巨大的损失，严重者甚至需承担刑事责任。

例如，一些企业向银行支付了借款利息，但却未取得增值税专用发票，导致企业进行抵扣后却没有发票入账。经相关税务人员稽查后，发现未按照规定取得发票，存在虚假抵扣行为。

2019 年 3 月 21 日，某稽查局向当地某地产公司做出了《税务处理及决定书》，认为原告税前扣除借款利息存在部分未实际支付，未取得合法、有效的凭据问题，不允许做税前扣除。要求补缴 2014 年企业所得税税款 7041937.50 元及其滞纳金，并调增 2015 年企业所得税应纳税所得额 845385.62 元。

2. 未按规定开具发票

未按照规定开具发票而涉及税务风险的主要行为是虚开发票。根据《中华人民共和国刑法》（以下简称刑法）中的相关规定，虚开增值税专用发票或者虚开用于骗取出口退税、抵扣税款的其他发票，是指有为他人虚开、为自己虚开、让他人为自己虚开、介绍他人虚开行为之一的，违反有关规范，使国家造成损失的行为。比如一些企业为了纳税时能更多地抵扣税款，会将一些支出在开具发票时变更品名（让不能抵扣的项目转变为可以抵扣的项目），同时增加开票金额等。

例如，A 企业为了将发放的集体福利支出进行抵扣，在开票时要求销售方将真实品名更改为“办公用品”“住宿费”并增加了开票金额，这样原来不可抵扣的进项税额便可以进行抵扣。经相关税务部门稽查，涉及发票金额达 90 多万元。税务机关根据以上调查结果要求企业补缴少缴纳的税款，加收滞纳金，同时对企业进行了罚款和纳税信用降级的处罚措施。

企业这种更改品名和金额的行为导致企业最终因小失大。根据《重大税收违法失信案件信息公布办法》规定，若虚开发票的情节、金额符合相关标准，则有可能录入相关税务信息管理系统并向社会公示，企业的纳税级别也会被一票否决，直接判为 D 级（纳税信用最低等级，考评分在 40 分以下的或者直接判级确定的），另外很多适用企业的优惠政策也将难以享受。

若虚开发票的行为情节严重，还可能构成违法犯罪，将受到法律严惩。视虚开增值税发票的情节严重程度，刑法做出了相关规定，如表 7-1 所示。

表 7-1　刑法对于虚开增值税发票的相关规定

虚开增值税发票行为	刑法相关规定
虚开增值税专用发票或者虚开用于骗取出口退税、抵扣税款的其他发票的	处 3 年以下有期徒刑或者拘役，并处 2 万元以上 20 万元以下的罚金
虚开的税款数额较大的或者有其他严重情节的	处 3 年以上 10 年以下有期徒刑，并处 5 万元以上 50 万元以下罚金
虚开的税款数额巨大，或者有其他特别严重情节的	处 10 年以上有期徒刑或者无期徒刑，并处 5 万元以上 50 万元以下罚金或没收财产

（续）

虚开增值税发票行为	刑法相关规定
针对个别给国家带来巨大损失、情节特别严重者	会被判处无期徒刑，并没收财产

例如，甲企业及其负责人在明知供应商不能开具增值税专用发票或没有发生实际购销业务的情况下，依然让供应商为自己企业虚开增值税专用发票，且甲企业财务总监高某将虚开的发票全部用于抵扣纳税，涉案税款高达400余万元。法院判决甲企业虚开增值税专用发票，判处罚金人民币600万元，甲企业负责人犯虚开增值税专用发票罪，判有期徒刑12年，财务总监高某犯虚开增值税专用发票罪，判处有期徒刑6年。

由于对发票疏于管理，哪怕是非主观意识上的违法，也可能造成客观结果上的违法事实，因此企业应该重视发票的依法取得、开具，规范管理，以此降低涉及的税务风险。

7.2.3 “会计的账”：做账税务风险

会计人员的每一笔账都是计税的依据，因此“会计的账”也涉及税务风险。若会计人员在做账时不够专业、严谨，便会给企业留下巨大的税务风险。

1. 多计支出的税收风险

例如，甲企业 2018 年一次性支付了两年办公室租金 240 万元，会计在账面上做了“管理费用”，具体账务处理如下：

借：管理费用 — 租赁费 240 万元；

贷：银行存款 240 万元。

存在的税务风险：年度少缴企业所得税的风险。

根据《中华人民共和国企业所得税实施条例》（国务院令第 512 号）中第四十七条的规定，企业根据生产经营活动的需要租入固定资产支付的租赁费需按照租赁期限均匀扣除，而会计一次性计入扣除费用，会增加扣除额，令企业承担年度少缴企业所得税的风险。

会计正确账务处理：

借：预付账款 — 租赁费 240 万元；

贷：银行存款 240 万元。

按租赁费平摊计入费用：

借：管理费用 — 租赁费 20 万元；

贷：预付账款 — 租赁费 20 万元。

2.“应付账款”中隐藏收入的税收风险

企业通过利用“应付账款”账户来隐藏收入或者虚列成本。

A 企业主要从事建筑施工行业（一般纳税人身份），2018 年 6 月预收甲方 1308 万元的工程款，且已经到账。该项目适用一般计税。会计在账面上做了“其他应付款”，具体账务处理如下：

借：银行存款 1308 万元；

贷：其他应付款 — 工程款 1308 万元。

存在的税务风险：企业漏缴纳增值税风险。

相关政策依据，如图 7-1 所示。

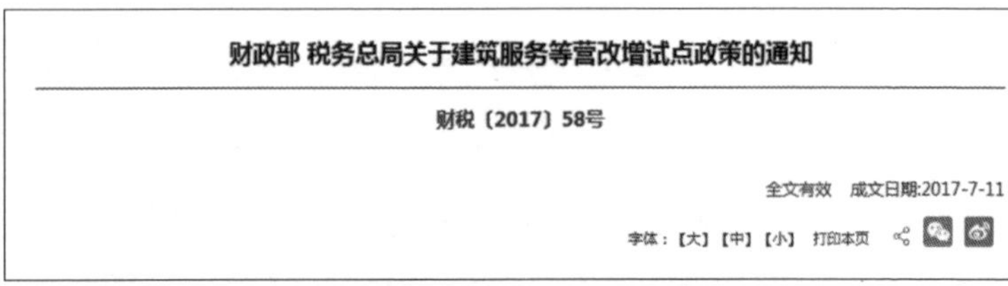

财政部 税务总局关于建筑服务等营改增试点政策的通知

财税〔2017〕58号

全文有效　成文日期:2017-7-11

字体：【大】【中】【小】 打印本页

图 7-1　建筑服务项目预缴增值税政策依据

建筑服务项目预缴增值税具体规定，如表 7-2 所示。

表 7-2　建筑服务项目预缴增值税具体规定

政策依据	相关规定
《关于建筑服务等营改增试点政策的通知》（财税〔2017〕58 号）	纳税人提供建筑服务取得预收款，应在收到预收款时，以取得的预收款扣除支付的分包款后的余额，按照本条第三款规定的预征率预缴增值税
	按照现行规定应在建筑服务发生地预缴增值税的项目，纳税人收到预收款时在建筑服务发生地预缴增值税；按照现行规定无需在建筑服务发生地预缴增值税的项目，纳税人收到预收款时在机构所在地预缴增值税
	适用一般计税方法计税的项目预征率为 2%，适用简易计税方法计税的项目预征率为 3%

正确账务处理：

借：银行存款 1308 万元；

贷：预收账款 — 工程款 1308 万元；

借：应交税费 — 预缴增值税 24 万元（即：1308/（1+9%）×2%）；

贷：银行存款 24 万元。

3．“其他应收款”中的税收风险

“其他应收款”与“其他应付款”一样被企业视为万能科目，它除了可用来核算应收票据、预付账款、应收账款外，还能用来核算其他各种应收、暂付款项。因此，该科目也隐藏了较多的涉税风险，最常见的便是个人股东向企业借款。

例如，甲企业 2017 年 1 月 1 日向其股东张总提供 600 万元借款，该借款未用于企业经营。2018 年 2 月 3 日张总归还了借款，会计根据张总拿走款项的借款凭据在账面上做了“其他应收款”，具体账务处理如下：

借：其他应收款 — 张总 600 万元；

贷：银行存款 600 万元。

涉税风险：存在代扣代缴 20% 的个人所得税的风险。

2019 年 3 月 20 日，相关税务稽查部门对甲企业进行税务稽查并于 2020 年 3 月 14 日做出税务处理规定，认定甲企业少代扣代缴 120 万元个人所得税，责令其补扣、补缴。甲企业认为：股东张总虽然向企业借款但并未取得所得，因此不产生纳税义务，且借款在税务部门机关检查前已经归还，因此公司也没有产生代扣代缴个人所得税的义务。

但根据《财政部 国家税务总局关于规范个人投资者个人所得税征收管理的通知》（财税〔2003〕158号）规定：纳税年度内个人投资者从其投资企业（个人独资企业、合伙企业除外）借款，在该纳税年度终了后既不归还，又未用于企业生产经营的，其未归还的借款可视为企业对个人投资者的红利分配，依照“利息、股息、红利所得”项目计征个人所得税。

股东向企业借款的相关税收计征的政策依据，如图7-2所示。

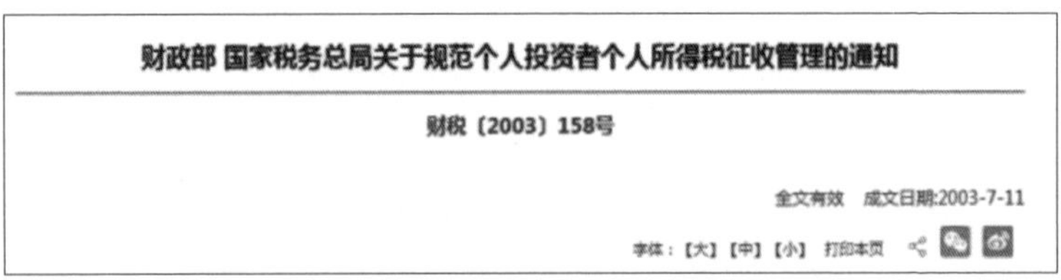

财政部 国家税务总局关于规范个人投资者个人所得税征收管理的通知

财税〔2003〕158号

全文有效　成文日期:2003-7-11

字体：【大】【中】【小】　打印本页

图7-2　股东向企业借款的相关税收计征政策依据

因此，企业账面长期（未在年度终了归还）挂账股东个人的其他应收款，涉税风险极大。

以上列举了会计做账中潜藏的税务风险。根据相关规定，纳税人采取在账簿上多列支出或者不列、少列收入的手段不缴或者少缴已扣、已收税款，按偷税处理。因会计疏忽大意或筹划不当而造成的企业不当行为，一旦被税务机关认定存在“偷税”行为，不但需补缴税款，还需缴纳滞纳金、罚款，严重者甚至还需承担刑事责任。因此，会计人员只有严谨、专业地做好每一笔账，才能为企业排除“后患”。

7.2.4 “国家的税”：收入确认、报税、缴税风险

企业不仅在经营战略中需步步为营，在涉税各环节更需如此。收入确认、报税、缴税是企业履行纳税义务的关键步骤，若不规范处理，同样会面临承担损失、丧失企业信用甚至承担刑事责任的风险。

1. 不按规定进行收入确认

A 企业在 2020 年 3 月 1 日，被税务机关查处，因 2019 年度未按照税法规定的纳税义务发生时间确认销售收入，少缴纳所得税 5.9 万元，税务机关对 A 企业少缴企业所得税的行为做出追缴企业所得税 5.9 万元及相应的滞纳金的决定，并按《中华人民共和国税收征收管理法》第六十四条第二款的规定处以未交税款 0.5 倍的罚款。

原来 A 企业对于销售货物的收入一直采用延期确认收入的方式来达到滞后纳税申报。但根据《中华人民共和国企业所得税法实施条例》规定，企业应纳税所得额的计算，以权责发生制为原则，属于当期的收入和费用，不论款项是否收付，均作为当期的收入和费用；不属于当期的收入和费用，即使款项已经在当期收付，均不

作为当期的收入和费用。所以，若企业不按规定进行收入确认，则会给企业带来税务风险。

2. 纳税人未按规定报税、缴税

纳税人未按规定进行纳税申报、缴税包括两种情况：未按规定进行税前相关申报和税收不申报、不缴税、少缴税。

（1）未按规定进行税前相关申报

企业未按期申报的行为及相关法律规定，如表 7-3 所示。

表 7-3　企业未按期申报的行为及相关法律规定

<table>
<tr><td>未按照规定的期限申报办理税务登记、变更或者注销登记的</td><td rowspan="3">《中华人民共和国税收征收管理法》第六十条中规定，由税务机关责令限期改正，可以处 2000 元以下的罚款；情节严重的，处 2000 元以上 10000 元以下的罚款</td></tr>
<tr><td>未按照规定将财务、会计制度或者财务、会计处理办法和会计核算软件报送税务机关备查的</td></tr>
<tr><td>未按照规定将其全部银行账号向税务机关报告的</td></tr>
</table>

在以上行为中比较容易被忽视的是变更、注销环节，仍需在规定时间内办理申报登记。

（2）税收不申报、不缴税、少缴税

根据《中华人民共和国税收征收管理法》第六十三条明确规定："纳税人伪造、变造、隐匿、擅自销毁账簿、记账凭证，或者在账簿上多列支出或者不列、少列收入，或者经税务机关通知申报而拒不申报或者进行虚假的纳税申报，不缴或者少缴应纳税款的，是偷税。"对纳税人偷税的，由税务机关追缴其不缴或者少缴的税款、滞纳金，并处不缴或者少缴的税款 50% 以上 5 倍以下的罚款；严重者需承担刑事责任。因此，对于企业无法判定是否需要申报的纳税业务需及时向相关税务部门咨询、确认，以免因"无心之过"被认定为偷税行为。

容易被企业忽视而产生的漏税或少缴税的行为，主要是调增应纳税所得额。企业需按照相关规定将限额成本费用进行所得税税前扣除，对于超过扣除标准的成本费用需在所得税纳税申报时调增应纳税所得额，避免未调增而产生税务风险。

此外，由于税务中税前扣除项目与会计列支项目上的差异，相关项目在会计上记账准确，但在企业进行所得税的纳税申报时，需注意调增所得额。其中，税法中不予扣除的项目如表 7-4 所示。

表 7-4　税法中不予扣除的项目

税法中不予扣除的项目	向投资者支付的股息、红利等权益性投资收益款项
	企业所得税款
	税收滞纳金
	罚金、罚款和被没收财物的损失
	超过国家规定的公益性捐赠及非公益性捐赠
	非广告性的赞助支出
	未经核定的准备金支出
	企业之间支付的管理费、企业内营业机构之间支付的租金和特许权使用费以及非银行企业内营业机构之间支付的利息
	与取得收入无关的其他各项支出

【税筹实战练习】

结合实际情况，谈谈企业所面临的发票相关风险以及防范措施。

7.3 “营改增”后的税务风险

税收与税收之间本就存在差异 —— 应税税目、税率、优惠政策以及计税方式等方面。“营改增”实现了不同税目之间的更改、替换，在相关税收管理的操作层面，企业自然也存在一定的税务风险。

7.3.1 “营改增”后，会计核算需规避的税务风险

“营改增”后，企业对于相关税收的管理也存在相应的变化，企业在会计核算中需注意的风险主要包含以下 4 个方面。

1. 从高适用税率

若纳税人兼营销售货物、劳务、服务、无形资产或者不动产，适用不同税率或征收率的，则应该分别核算适用不同税率或征收率的销售额，未分别核算销售额的，则从高适用税率。

2. 未分别核算的不得免税、减税

纳税人兼营免税、减税项目的应当分别核算免税、减税项目的

销售额；未分别核算的不得免税、减税。

3．视同销售少计税款

由于会计与税务的差异，视同销售是指在会计上不作为销售核算，而在税收上作为销售，主要用来确认收入计缴税金的商品或劳务的转移行为，增值税、消费税、企业所得税等都会涉及视同销售。

增值税与所得税中关于视同销售的规定，如表 7-5 所示。

表 7-5　增值税中视同销售的相关规定

增值税中视同销售的相关规定	单位或者个体工商户的下列行为，视同销售货物
	将货物交付其他单位或者个人代销
	销售代销货物
	设有两个以上机构并实行统一核算的纳税人，将货物从一个机构移送其他机构用于销售，但相关机构设在同一县（市）的除外
	将自产或者委托加工的货物用于非增值税应税项目
	将自产、委托加工的货物用于集体福利或者个人消费
	将自产、委托加工或者购进的货物作为投资，提供给其他单位或者个体工商户
	将自产、委托加工或者购进的货物分配给股东或者投资者
	将自产、委托加工或者购进的货物无偿赠送其他单位或者个人
	视同销售服务、无形资产或者不动产
	单位或者个体工商户向其他单位或者个人无偿提供服务，但用于公益事业或者以社会公众为对象的除外
	单位或者个人向其他单位或者个人无偿转让无形资产或者不动产，但用于公益事业或者以社会公众为对象的除外
	财政部和国家税务总局规定的其他情形

根据相关规定，企业所得税中关于视同销售的规定：企业发生非货币性资产交换，以及将货物、财产、劳务用于捐赠、偿债、赞助、集资、广告、样品、员工福利或者利润分配等用途的，应当视同销售货物、转让财产或者提供劳务（国务院财政、税务主管部门另有规定的除外）。若不将视同销售计入销售额中，则会引发税务风险。

4. 不符规定的抵扣凭证，不予抵扣

根据《中华人民共和国增值税暂行条例》第九条规定，纳税人购进货物、劳务、服务、无形资产、不动产，取得的增值税扣税凭证不符合法律、行政法规或者国务院税务主管部门有关规定的，其进项税额不得从销项税额中抵扣。

其中，增值税扣税凭证指增值税专用发票、海关进口增值税专用缴款书、农产品收购发票、农产品销售发票和完税凭证。纳税人凭完税凭证抵扣进项税额的，应当具备书面合同、付款证明和境外单位的对账单或者发票。资料不全的，其进项税额不得从销项税额中抵扣。

7.3.2 后"营改增"时代下的税务稽查风险知多少

税务稽查的风险主要存在两个方面：由纳税人主观的避税行为而涉及的税务风险；纳税人因未准确根据税法及相关规定产生的纳税行为而涉及的税务风险。如被税务机关稽查后，需承担补税、罚款，甚至承担刑事责任。税务稽查中的主要风险有偷税、漏税、逃税和骗税等违法行为。

税务稽查的重点内容包含以下3点。

1. 增值税中进项税的抵扣

（1）虚开增值税发票

通常税务机关稽查的常见问题为虚开增值税发票。若除企业正常业务范围变化外，企业增值税专用发票数量激增则可能被税务部门稽查。稽查人员会检查企业购销合同及经营行为是否真实；实地检查"存货""原材料"和"产成品"，检查涉及的会计科目为"银行存款""现金""应收账款""预付账款"等。

（2）未按规定将进项税额转出

税务机关同时还会检查企业是否按规定将进项税额转出。对于企业正常购进的货物发生非正常损失，以及将购进货物改变用途，如用于非应税项目、集体福利或个人消费等其抵扣的进项税额应该通过"应交税费—应交增值税（进行税额转出）"科目转入有关科目不予以抵扣。

税务机关检查企业"其他应付款"和"其他应收款"科目，是否存在将返利挂入其中作为抵消、冲减费用而不作进项税额转出的情况。

2. 成本费用是否按规定计入

成本费用是否按规定计入也是税务机关稽查的重点，主要分为以下 4 点。

（1）一次性支出是否按实际年月分摊

税务机关重点检查企业一次性支出的成本费用是否按实际年月进行分摊，而一次性计入成本费用。

（2）工资、薪金支出是否符合税法规定

税务机关稽查工资、薪金支出费用是否符合税法规定的范围，是否在实际申报扣除年份发放等。

（3）固定资产折旧是否按规定计提

税务机关对于固定资产的折旧是否按规定计提，是否有随意改变折旧年限和资产净值等情况进行稽查。

（4）是否超标准列支成本费用

税务机关稽查业务招待费、广告宣传费、业务宣传费是否超标准列支而未进行纳税调整；是否超标准支付员工社会保险费和住房公积金。

3. 期末存货与实收资本差异大

若企业期末存货大于实收资本，可能存在库存商品不真实，销售货物后未进行收入结转的情况。税务机关通常检查纳税人的"应付账款""其他应付款""预收账款"以及"短期借款""长期借款"等科目查看期末余额，询问变化原因是否合理，并要求进行相关举证，说明其资金的合法来源；实地检查存货是否与账面相符。

企业若被税务机关稽查发现少缴纳税款则面临补缴税款、上缴滞纳金以及罚款等处罚；还会面临被媒体曝光的风险，同时被相关部门联合抵制，无法享受相关优惠政策；若涉税金额过大，情节过于严重则会移交公安部门，依法追究刑事责任。

【税筹实战练习】

结合具体行业说明“营改增”后的税务风险。

7.4 税务风险防范

税务风险防范是企业了解税务风险的最终目的，也是提高企业财务税务经营管理水平的重要手段。那么，如何进行税务风险防范，在税务风险防范中需要遵循哪些原则？

7.4.1 税务风险防范的四大原则

税务风险防范需要遵循以下四大原则。

1. 全面了解稽查

俗话说，“知己知彼，百战百胜”。对于税务稽查来说，亦是如此。老板需清楚了解稽查的内容及稽查的程序，在积极配合稽查人员开展工作的同时，也需监督相关人员走合法程序，维护企业的合法权益。

2. 高度重视，积极自查

通常税务部门在稽查之前会给纳税人机会自纠自查。老板需利用好此段时间认真梳理企业的经营业务，做好自查报告。其中自查报告需涵盖企业所有经营业务，有理有据地解答稽查人员的相关疑惑。

3. 及时沟通

在自查过程中保持不漏缴一分钱的严谨态度。若遇到不能准确理解的政策，应该及时向税务部门咨询、沟通。不心存侥幸、不蒙混过关。

4. 积极面对，不卑不亢

对于税务人员在稽查中存在有疑义的部分应该及时解释，在合法的情况下据理力争，化解税务风险。我国是法治国家，税务相关稽查人员均会依法稽查，因此老板对于合法的纳税行为应该保持良好的心态，与相关人员积极沟通。

7.4.2 建立信息及风险预测控制系统

风险预测控制系统是对企业税务风险进行有效管理的重要工具。它能提高企业的管理效率，降低企业管理成本和企业涉税风险，从而让企业管理更加系统化。税务风险预测控制系统需具备以下功能。

1. 纳税基础信息管理功能

风险预测系统需对含纳税主体的基础信息进行采集，对纳税主体的纳税行为如纳税申报进行管理，实现企业增值税、企业所得税、印花税、城建税、房产税等全税种涵盖的动态申报状态统计。

2. 发票类管理功能

系统需为企业发票建立统一的发票池。对销项税发票和进项税发票进行全生命周期的管理，实现纸质发票与电子发票全流程闭环管理。在进项税发票的开具、验真、认证等环节实行监控，对于销项税发票的领购、使用、库存实行管理。

3. 涉税风险管理功能

系统对于涉税风险的管理主要从三方面入手：税务风险指标管理、税务风险评估管理、税务风险审计管理。通过对税务风险指标有针对性地管理提高内部风险管理水平，利用税务大数据及信息化手段进行税务风险评估及审计。

4. 涉税知识管理功能

系统需建立纳税知识库，对于相关纳税知识、优惠政策进行线上线下知识整合，为企业依法纳税提供切实合法的依据，从而提高相关纳税办事人员的能力。

5. 其他相关涉税管理功能

系统同时还需包含其他相关涉税管理功能，如涉税交流平台、真伪票查询、纳税业务流程管理等，从而避免企业纳税活动中的涉税风险。

企业在构建风险控制预测系统时需不断加强大数据治理，推动税务数据的标准化建设和外部信息采集、交换、共享等。推动企业线上税务平台的建设，提升智能平台水平，提高系统风险计算的精准性，从而提高税收风险的控制能力。

【税筹实战练习】

请谈谈你对于企业税务风险防范原则的理解，并说说你对于建立信息及风险预测控制系统的认识。

7.5 汇缴清算的纳税风险

汇缴清算作为预缴后的纳税程序不容小觑。对于预缴时未享受到的优惠政策在汇缴清算时可以进行调整，充分享受各项税收优惠，剔除不该计入的成本费用，确保不缴冤枉税，减少纳税风险，提高纳税效率。因此个人、企业对所得税进行汇缴清算时应该注重相关风险点。

7.5.1 企业所得税汇缴清算五个风险点提示

企业进行所得税汇缴清算时需关注以下五个风险点。

1. 汇缴清算需按期申报

根据相关规定纳税人需在年度终了五个月内，向主管税务机关申报纳税。若未按期申报办理则会受到相应的处罚，若存在不可抗力因素不能如期申报者，可按照《中华人民共和国税收征收管理法》及其相关规定办理税收延期。

2. 资产损失需申报

企业资产发生损失时，若未按照相关规定向主管税务部门申报则不允许进行税前扣除。因此企业资产发生损失时需按照规定进行申报，方能进行税前扣除。

3. 享受优惠需留存资料备查

企业在享受所得税纳税减免时，虽然无需履行备案手续，但仍需留存备案资料备查。

4. 纳税事项需调整

企业在进行汇缴清算时需审核成本费用项目，对不符合规定的纳税事项需进行调整。企业所得税纳税事项调整分为账务调整和纳税事项调整。对于违反会计制度相关规定需进行账务处理，即账内调整；对于会计与税法之间的差异需进行纳税事项调整，即账外调整。

5. 填报口径需统一

由于税法与财务之间的差异性，对于企业纳税汇算调整中存在企业会计与税务处理差异的需符合企业所得税法的相关规定。若存在税法规定不明确的纳税项目时，则应按照企业会计相关规定统一口径。

7.5.2 个税汇缴清算提醒事项

哪类人群需要办理汇缴清缴？哪类人群无需办理个税汇缴清

算？个税汇缴清算办理方式有哪些？如何办理退税与补税？这是很多人心中的疑惑。

1. 个人是否需办理汇缴清算

假设张某月工资为4500元，且无其他所得，那么张某需进行汇缴清算吗？对于无需预扣个税的，或月预扣预缴的税款之和等于年度应纳税额的，则无需申请个税汇缴清算。

以下两类人群需进行汇缴清算，具体情况如表7-6所示。

表 7-6　需办理个税汇缴清算的两种类型及具体情况

需办理个税汇缴清算的两种类型	具体表现形式
多预缴个税，需办理退税的纳税人	综合所得额不足6万元，但已预缴个税
	专扣信息未填写，单位预缴个税，但未填写6项专扣信息
	自由撰稿人的稿酬收入未减除基本减除费用及6项专扣
	个人讲课收入预缴税率高于全年综合所得适用税率
少预缴个税，需补税的纳税人	多项收入，如薪金、稿酬、特许权使用费收入等，合并后收入年适用税率高于预扣预缴税率
	受雇佣两个单位，重复扣除了两个5000元的基本减除费用

对于综合所得年收入不超过12万元，需补税不超过400元或放弃申请退税的纳税人则无需办理汇缴清算。同时，对于个人实际工作不足12个月的情况，均需依据6万元基本扣除费用减除。

2. 汇缴清算的申报方式有哪些

个税汇缴清算的申报方式有3种：自己办理；单位代缴代扣；委托其他单位或个人代扣。对于这3种形式，均需纳税人个人签字确认。

对于单位代缴代扣或委托单位或个人代扣的情况中，扣缴义务人或受托人在办理年度汇算后，应及时将办理情况告知纳税人，若纳税人发现申报信息存在错误的，可要求扣缴义务人或受托人更正，也可自行办理更正申报。

3. 汇缴清算退税不加收利息

根据《中华人民共和国税收征收管理法》及《中华人民共和国税收征收管理法实施细则》中的相关规定，正常预缴情况下，若在年度汇缴清算时，发现实际应纳税额比预缴税额要少，那么退税的部分是不得加收利息的。但如果存在相关税务部门因错误计税而造成纳税人多缴纳了税款，则需税务机关及时返还；如果纳税人是自结算缴纳税款之日起3年内发现的，可以向税务机关要求退还多缴的税款并加算银行同期存款利息。

【税筹实战练习】

结合企业实际经营特点，谈谈你的企业在汇缴清算中所需关注的风险点。

第 8 章
纳税人实战笔记：纳税筹划中的“疑难杂症”

企业在税款缴纳中也会面临“疑难杂症”，即对某类人群或一些特定经营行为的税务处理表现得非常棘手。如餐饮企业、建筑企业中普遍存在的“无票支出”，企业清算与重组以及如何降低社保成本等。这类问题是企业在财税处理中的通病，是由于行业的特性所决定的。企业如何进行纳税筹划，解决行业存在的通病，体现了纳税筹划的智慧性与艺术性。

8.1 筹划做得好，社保交得巧

相关政策表明，自 2019 年 1 月 1 日起，由税务部门统一征收社会保险费，即“社保入税”政策。伴随“社保入税”政策的推行，企业之前常用的社保纳税筹划方式已经不再适用，倘若仍然坚持使用很可能会违反相关法律，还有可能被视为偷税漏税，从而影响企业的长远发展。

8.1.1 “社保入税”，这五种筹划方式不可取

以下五种纳税筹划方式已经不可取，企业需避免触及法律红线。

1. 通过私人账户发放员工工资

为了避税，企业通常将员工工资分两部分进行发放，一部分作为账面工资发放，另外一部分则通过私人账户进行转账。

例如，某员工实际工资为 9000 元，企业为了避税以企业账面

工资4000元发放，另外5000元薪资以个人名义转账的形式发放。

企业不入账的频繁私人转账交易已经纳入税务局相关监测中心，若解释不合理并且达到一定的金额，则会被认定为企业的偷税行为。

2020年4月，税务稽查部门发现某设计公司的工资奖金发放明细中，只有一部分数据与账册和报表记载相同，而另外一部分交易明细未在账册与报表中记载，通过调查发现该企业通过9个业务部门负责人的私人账户，在2016～2019年累计发放工资奖金4000多万元，逃避个人所得税务500多万元。

2．虚开虚抵发票

企业将员工一部分工资以企业账户名义发放，另外一部分则以发票抵扣，以报销的形式少缴个税与社保。

例如，某员工实际工资是9000元，企业通过账面工资4000元发放，另外5000元则明示员工找发票进行抵扣。一些企业甚至通过虚开增值税发票冲抵给员工发放的工资与奖金等其他费用。

对于虚开虚抵增值税发票，不但需补缴税费，承担滞纳金和罚款，严重者甚至需承担刑事责任。

甲某为某农牧公司的总经理，为了冲抵企业发放的工资与年终奖，减少社保及个税缴纳，要求农牧公司的财务经理虚开发票。经相关部门查处，虚开金额总计100多万元，情节严重，且构成了虚开发票罪，判处有期徒刑一年，缓刑一年，罚金人民币5000元

（缓刑考验期限自判决确定之日起计算；罚金已缴清）。

3. 劳动关系与劳务关系并存

企业通常将员工部分工资通过企业账面工资进行发放，另外一部分则通过虚开劳务费发票等其他方式进行工资抵扣，从而达到减少社保纳税基数的目的。但根据相关政策表明，对于同一个公司的同一员工，劳务关系与劳动关系不能共存。因此，企业利用此种方式的纳税筹划则不符合实际且更易构成偷税行为。

4. 未将补贴并入个人所得进行纳税申报

企业通常未将生日补贴、通讯补贴、节日补贴、交通补贴等合并计入个人所得进行纳税申报。

5. 利用免征额，部分工资通过现金方式发放

个税免征额提高至 5000 元，企业常利用个税免征点进行纳税筹划。

例如，企业所有员工账面工资均控制在 4800 元左右，剩下的工资通过现金等方式发放。企业员工工资普遍为 4800 元左右实属异常，对于隐匿员工真实收入，情节严重则属于违法行为。

某房地产公司由于常年员工普遍为 4800 元左右，在 2020 年被相关税务部门稽查，最终发现该企业通过现金等形式隐匿员工真实收入，少代扣代缴个人所得税。税务部门对该企业追缴各项税费且罚款 82 万元。

8.1.2 “社保入税”的四大筹划方法

伴随“社保入税”相关政策的落地推行，各税务部门系统的并库，数据共享机制的完善，使得税务机关获取企业的信息更加全面、精准，意味着企业经营行为会更加透明，税务稽查成本更低，企业违法成本将越来越高。因此，企业加强税务合规是关键。那么，企业可以通过哪些合规的方式进行纳税筹划呢？

1. 将部分新增工资转变为福利

由于名义工资适用税率为超额累进税率，当名义工资达到一定标准时，增加的薪资给员工带来的可支配收入会越来越少，因此将部分新增工资转变为员工实际需求的福利，在减少税收的同时，也能提高员工的实际消费水平。

2. 采用退休返聘方式

对于企业来说，一部分岗位可采用退休返聘员工或退休员工。由于退休人员享受退休基本保障权利，因此无需缴纳社保，这样起到降低企业成本的作用。同时，退休返聘人员更加熟悉企业原岗位相关事务，也能减少企业培训成本及相关费用。

3. 灵活使用用工模式

企业通过灵活用工的模式，如将部分岗位采用小时工、非全日制用工、劳务派遣等方式，可以适当减少劳动合同关系，减少社保缴纳。

4. 提高员工工作效率，精简员工

提高员工的工作效率，合理安排各岗位员工，减少闲置人员。员工成本过高是企业管理成本中的一大痛点，因此提高各员工工作效率显得尤为重要。

【税筹实战练习】

你认为企业还可以通过哪些方式对社保进行纳税筹划？

8.2 清算重组中的纳税筹划怎么做

税法中规定的企业重组，是指企业在日常经营活动以外发生的法律结构或经济结构重大改变的交易，包括企业法律形式改变、债务重组、股权收购、资产收购、合并、分立等。利用不同清算重组方式中的各项特殊优惠政策，是企业进行纳税筹划的原理。

8.2.1 企业清算重组中的基本税收筹划分类

企业清算重组中的基本税收筹划分类，主要依据不同清算方式下的特殊政策，具体可以分为以下5类。

1. 债务重组中的纳税筹划

企业清算重组中的税务处理根据不同条件通常分为一般性税务处理和特殊性税务处理。

一般性税务处理，是指除国务院财政、税务主管部门另有规定外，企业在重组过程中，应当在交易发生时确认有关资产的转让所得或者损失，相关资产应当按照交易价格重新确定计税基础。

特殊性税务处理，是指当企业重组适用特殊性税务处理时，交易双方对其中涉及的股权支付部分，暂不确认有关资产所得或损失且不调整相应的资产计税基础。交易中的非股权支付部分则按照一般性税务处理。

企业重组时适用特殊性税务处理的条件，如表 8-1 所示。

表 8-1　企业重组时适用特殊性税务处理的条件

适用特殊性税务处理的规定	具有合理的商业目的，且不以减少、免除或者推迟缴纳税款为主要目的
	被收购、合并或分立部分的资产或股权比例符合规定的比例
	企业重组后的连续 12 个月内不改变重组资产原来的实质性经营活动
	重组交易对价中涉及股权支付金额符合规定比例
	企业重组中取得股权支付的原主要股东，在重组后连续 12 个月内，不得转让所取得的股权

企业在资产收购中将涉及的一般性税务处理转化为特殊性税务处理，将资产收购中的债权转让转化为股权，这样则暂时无需确认债务清偿所得或损失，也无需调整相应计税基础，由此便无需缴纳增值税、土地增值税及契税，且一定条件下无需缴纳企业所得税。

2. 企业资产、股权收购中的纳税筹划

企业清算或重组中股权收购，是指一家企业（也称为受让企业）购买另一家企业（也称为转让企业）的部分或全部股权，从而实现对转让企业的控制的交易。资产收购则是指一家企业（收购企业）收购另一家企业（被收购企业）的实质经营性资产的交易。

在一般情况下，企业资产收购、股权收购重组中的相关交易需按照相关规定进行处理，如表 8-2 所示。

表 8-2 一般情况下企业资产、股权收购重组时的处理规定

一般情况下企业资产、股权收购重组时的处理规定	转让企业方（被收购方）需确认资产转让所得或损失
	受让企业（收购方）取得资产的计税基础应以公允价值为基础确定
	受让企业（收购方）的相关所得税事项原则上保持不变

企业资产收购、股权收购中分为应税资产收购与免税资产收购，应税股权收购与免税股权收购。企业在资产收购与股权收购中进行纳税筹划的原理，实则是尽量选择免税资产、股权收购的方式，在一定条件下免除缴纳企业所得税或暂缓缴纳所得税，享受税收递延的益处。

免税资产的收购条件及处理规定，如表 8-3 所示。

表 8-3　免税资产的收购条件及处理规定

免税资产的收购条件	相关处理规定
受让企业收购的资产不低于转让企业全部资产的 50%，且受让企业在该资产收购发生时的股权支付金额不低于其交易支付总额的 85%	(1) 受让企业与转让企业均无需缴纳企业所得税； (2) 转让企业取得的受让企业股权的计税基础以被转让资产的原有计税基础确定； (3) 受让企业取得转让企业资产的计税基础，以被转让资产的原有计税基础确定

免税股权的收购条件及处理规定，如表 8-4 所示。

表 8-4　免税股权的收购条件及处理规定

免税股权的收购条件	相关处理规定
收购企业的资产不低于被收购企业全部资产的 50% 且收购企业在该资产收购发生时的股权支付金额不低于其交易支付总额的 85%	(1) 被收购企业的股东取得收购企业股权的计税础，以被收购股权的原有计税基础确定； (2) 收购企业取得被收购企业股权的计税基础，以被收购股权的原有计税基础确定； (3) 收购企业、被收购企业的原有各项资产和负债的计税基础和其他相关所得税事项保持不变

3. 企业分立中的纳税筹划

企业分立则是指一家企业（也称为被分立企业）将部分或全部资产分离转让给现存或新设的企业（也称为分立企业），被分立企业的股东换取分立企业的股权或非股权支付。在企业重组中，企业合并或分立仍然存在一般情况下的处理规定及特殊条件下的处理规定。

企业重组中一般情况下企业分立的处理规定，如表8-5所示。

表8-5　企业重组中一般情况下企业分立的处理规定

<table>
<tr><td rowspan="5">企业分立的处理规定</td><td>（1）被分立企业对分立出去的资产应按公允价值确认资产转让所得或损失</td></tr>
<tr><td>（2）分立企业应按公允价值确认接受资产的计税基础</td></tr>
<tr><td>（3）被分立企业继续存在时，其股东取得的对价应视同被分立企业分配进行处理</td></tr>
<tr><td>（4）被分立企业不再继续存在时，被分立企业及股东都应该按清算进行所得税处理</td></tr>
<tr><td>（5）企业分立相关企业的亏损不得互相结转弥补</td></tr>
</table>

企业重组时若企业分立符合相关条件，且其中涉及的股权交易中的支付部分，同样可以做免税处理，如表8-6所示。

表8-6　企业分立中适用免税处理的条件及相关处理规定

企业分立中适用免税处理的条件	相关处理规定
被分立企业所有股东按原持股比例取得分立企业的股权，分立企业和被分立企业均不改变原来的实质经营活动，并且被分立企业股东在该企业分立发生时取得的股权支付金额不低于其交易支付总额的85%	（1）分立企业接受被分立企业资产和负债的计税基础，以被分立企业的原有计税基础确定； （2）被分立企业已分立出去资产相应的所得税事项由分立企业继承； （3）被分立企业未超过法定弥补期限的亏损额可按分立资产占全部资产的比例进行分配，由分立企业继续弥补

对于企业分立进行纳税筹划的原理即在一定条件下尽可能满足企业重组的相关条件，对于涉及的股权支付作免税处理。

4. 企业合并中受让亏损弥补所得的纳税筹划

企业合并是指一家或多家企业（也称为被合并企业）将其名下所有资产及负债转让给另一家现存或新设立的企业（也称为合并企业），从而使被合并企业的股东换取合并企业的股权或非股权支付。若企业在合并中涉及的股权交易符合相关条件则可以按照规定选择做特殊处理。

企业合并中适用特殊处理的条件及相关处理规定，如表 8-7 所示。

表 8-7　企业合并中适用特殊处理的条件及相关处理规定

企业合并中适用特殊处理的条件	相关处理规定
企业股东在该企业合并发生时取得的股权支付金额不得低于其交易支付总额的 85%，以及同一控制下且不需要支付对价的企业合并	（1）合并企业接受被合并企业资产和负债的计税基础，以被合并企业的原有计税基础确定； （2）被合并企业合并前的相关所得税事项由合并企业继承； （3）可由合并企业弥补的被合并企业亏损限额 = 被合并企业净资产公允价值 × 截至合并业务发生当年年末国家发行的最长期限的国债利率； （4）被合并企业股东取得合并企业股权的计税基础，以其原持有的被合并企业股权的计税基础确定

企业可以利用资产损失的税前扣除制度，通过企业合并受让亏损弥补所得，将原有企业潜在的资产损失转嫁为新组建的公司亏损，以此进行纳税筹划，企业需在企业亏损之前完成合并，在新组建的企业成立之后进行资产损失确认才能达到纳税筹划的目的。

5. 企业清算中的纳税筹划

企业清算的所得税处理，是指企业在不再持续经营，发生结束自身业务、处置资产、偿还债务以及向所有者分配剩余财产等经济行为时，对清算所得、清算所得税、股息分配等事项的处理。根据相关规定，企业需依据清算所得缴纳清算所得税，应将整个清算期作为一个独立的纳税年度计算清算所得。因此，若企业在清算之前仍然存在盈利，而清算期间的所得为亏损时，可以通过延迟清算日期即将清算期间的费用提前实现，进而在企业所得税税前扣除。

8.2.2 清算重组中的纳税筹划实例

了解了清算重组中的纳税筹划思路后，下面将通过案例进行具体分析。

1. 债务重组的纳税筹划实例

B企业与A企业存在债务关系，企图通过不动产抵偿债务，具体情况如下：

B企业欠A企业7000万元的债务，B企业与A企业协商签署债务重组协议，协议规定，B企业用购买价格6000万元，账面净值 5000 万元、公允价值为 7000 万元的不动产抵偿 A 企业的债务。

若不进行纳税筹划（不考虑印花税、附加税等对结果影响较小的税种）：

B 企业需缴纳增值税：（7000−6000）× 5%=50（万元）。

B 企业需缴纳土地增值税（暂按 3% 核定）：7000 × 3%=210（万元）。

B 企业需缴纳企业所得税：（7000−5000−210）× 25%=447.5（万元）。

A 企业需缴纳契税：7000 × 3%=210（万元）。

A 企业与 B 企业需纳税共计：50+210+447.5+210=917.5（万元）。

纳税筹划方法：建议 A 企业将债权转化为股权且适用特殊处理的条件，便可免缴税款。假使，未来 A 企业将该股权转让给 B 企业，也只需缴纳企业所得税。

筹划后，A 企业与 B 企业最低节税共计：917.5−447.5=470（万元）。

2. 企业资产收购中的纳税筹划实例

A 企业拟用 8000 万元的现金收购 B 企业 80% 的资产。其中包含购进价格 2000 万元、账面净值 1000 万元、公允价值 3000 万元的不动产及账面净值 6000 万元、公允价值 5000 万元的无形资产。

若不进行纳税筹划（不考虑印花税、附加税等对筹划结果影响较小的税收）：

B企业需缴纳增值税：（3000−2000）×5%+5000×6%=350（万元）。

B企业需缴纳土地增值税（暂时按照3%核定）：3000×3%=90（万元）。

B企业需缴纳企业所得税：（3000−1000+5000−6000−90）=227.5（万元）。

A企业需缴纳契税：3000×3%=90（万元）。

A企业与B企业合计需缴纳税款：350+90+227.5+90=57.5（万元）。

纳税筹划方法：A企业通过用自己的股权来收购B企业的资产，则符合免税资产的收购条件，A企业与B企业无需缴纳税款。同样若未来B企业将股权转让给A企业或其他公司，仍然只需缴纳企业所得税，无需缴纳增值税、土地增值税及契税等。

3. 企业股权收购的纳税筹划实例

A企业准备用6000万元的现金收购B企业80%的股权。B企业80%的股权的计税基础为3000万元。

若B企业的股东是企业，则需缴纳企业所得税：（6000−3000）×25%=750（万元）。

纳税筹划方法：A企业采用免税股权收购的方式取得B企业的股权，可以向B企业支付本公司5%的股权（公允价值6000

万元）。

由于A企业收购B企业80%的股权，且A企业在该资产收购发生时的股权支付金额不低于其交易支付总额的100%（高于85%），因此符合免税股权的收购条件，B企业不需缴纳企业所得税。

4. 企业分立的纳税筹划实例

A企业将其一家分公司（计税基础为4000万元，公允价值为6000万元）变为独立的B公司，A企业的股东取得B公司100%的股权，同时取得2000万元的现金。

在该交易中，非股权比例：2000/6000×100%=33.3%，不符合免税企业的分立条件。因此，若A企业的股东是公司，则取得的2000万元的现金视同股息分配，免税。A企业需缴纳企业所得税：(6000−4000)×25%=500（万元）。

纳税筹划方法：A企业的股东取得B公司的全部股权，并将现金收入降低至800万元，则非股权支付额占整个交易比例的13.3%(800/6000)，此时符合企业免税分立的条件，免税500万元。A企业的股东可以通过取得股息的方式取得现金，也是免税的。若在12个月后转让B公司的部分股权，取得现金，虽然需缴纳企业所得税，但可享受纳税递延的优惠。

5. 企业合并受让亏损弥补所得的纳税筹划实例

A企业的账面应收款达6000万元，但由于债务人下落不明或已经被吊销营业执照，导致这些债权收回基本无望。经过估算，可以扣除的资产损失为5800万元。A企业全部资产的计税基础为7000万元，公允价值为2000万元。A企业与B企业的经营范围基本相同，B企业在2019年纳税年度实现利润总额6000万元，预计2020年纳税年度将实现利润总额7000万元。

假设无纳税调整事项，则B企业2020年度需缴纳企业所得税：7000×25%=1750（万元）。

纳税筹划方法：建议A企业与B企业合并组成新B企业，因此A企业的全部资产及负债并入新的B企业，A企业的股东取得B企业10%的股权（公允价值为2000万元），此时符合特殊企业合并的条件，B企业取得A企业资产的计税基础为7000万元，A企业的股东取得乙企业股权的计税基础也为7000万元。

B企业可将A企业的资产损失5800万元予以确认并进行企业所得税税前扣除，因此可少缴纳企业所得税：5800×25%=1450（万元）。

同时若在若干年后A企业的股东将B企业的股权进行转让，10%的股权公允价值增加到7000万元，此时A企业的股东收获所得：7000−2000=5000（万元）。

6. 企业清算的纳税筹划实例

A企业在2020年10月20日向股东会提交了解散申请书，股东会10月22日通过决议，并决定11月1日开始正常清算。而A

企业在进行内部清算时发现，2020 年 1 月至 10 月公司预计盈利 500 万元（适用所得税税率 25%），预计 11 月企业将发生费用 150 万元，清算所得预计为 −50 万元。

若不进行纳税筹划，2020 年 11 月 1 日为清算日期，2020 年 1～10 月盈利 500 万元，需缴纳企业所得税：500 × 25%=125（万元），2020 年 11 月清算所得为负数，则无需缴纳企业所得税。

纳税筹划方法：11 月企业将发生费用且清算所得为负数，则考虑调整清算期限，A 企业可以在公告和纳税申报前，由股东会再次决议将企业清算日期推迟至 12 月 1 日，并于 12 月 2 日进行清算。由此，企业 11 月产生的费用便可以与企业所得进行抵扣，清算所得为 100 万元。

2020 年 1 月至 2020 年 11 月，企业应纳税所得额：500−150=350（万元）。

应缴纳所得税：350 × 25%=87.5（万元）。

其中清算所得应缴纳企业所得税：100 × 25 × 20%=5（万元）。

纳税筹划前后对比，A 企业减轻赋税：125−87.5−5=32.5（万元）。

【税筹实战练习】

A 企业准备用 8000 万元现金收购 B 企业 80% 的股权。B 企业 80% 的股权计税基础为 4000 万元。若不考虑其他小额税种，请为

A企业出具一份纳税筹划方案。

建议A企业采取免税股权收购的方式取得B企业的股权，可以向B企业的股东支付本公司10%的股权（其公允价值为8000万元）。由于股权支付额占交易的100%，因此属于免税股权收购，在当期可节税1000万元。并由B企业在未来将该股权转让给A企业，由此享受税收递延的收益。若不进行纳税筹划，需缴纳企业所得税共计：(8000−4000)×25%=1000万元。

8.3 遇到“无票支出”如何处理

“无票支出”几乎是所有企业都会面临的税务难题，即企业存在真实的支出，却没有取得发票。企业“无票支出”会导致企业利润虚高，企业所得税税负加重。因此，学会处理“无票支出”是减少企业税负最基本的思路。

8.3.1 企业常见的“无票支出”可税前扣除项目

发票作为企业税前扣除的主要凭证，但并非唯一扣除凭证。根据相关政策规定，一些符合条件的项目支出无需取得发票也可进行税前扣除（但需按照规定取得相关凭证），企业常见的“无票支出”项目可税前扣除的项目有以下 4 种。

1. 企业支付的员工工资及特定福利费用

根据相关规定，企业对员工发放的工资无需向员工取得发票，可以凭单位填制以及内部签字的审批流程为依据进行税前扣除。其次对于企业发放的特定福利费，如以货币形式发放的抚恤金、救济费、丧葬补助费、员工异地安家费、困难补助、节日现金福利等无需取得员工开具的发票，可以凭员工签字明细表、困难员工发放明细表以及公司相关文件、福利发放名单等附件作为原始扣除凭证进行税前扣除。

需要注意的是，并不是企业支出的所有福利费用均可无票税前扣除。其中的福利费用则根据《个人所得税法实施条例》《国家税务总局关于生活补助费范围确定问题的通知》中的相关规定，是从企业、事业单位、国家机关、社会团体提留的福利费或者工会经费中支付给个人的生活补助费；或因为某些特定事件或原因给纳税人或其家庭的正常生活造成的一定困难，而由企业、事业单位、国家机关、社会团体提留的福利费，或者工会经费中向其支付的临时性生活困难补助。

2. 企业支付的合同违约金

企业在日常经营管理中会面临各种原因导致企业未能按合同履约而需支付对方违约金的情况，该项支付无需取得发票，可以凭借双方签订的协议、赔偿协议、收款方开具的收据或者是法院调解书或判决书便可进行税前扣除。

3. 企业支付的差旅费中的伙食补助

根据相关规定，企业支付给员工的因公出差伙食补助无需发票，通过差旅费报销单等相关真实凭证便可以进行税前扣除。需提供出差人员姓名、时间、地点、工作任务以及支付凭证等作为证明材料。

4. 企业向个人支付的小额支出

根据相关规定，企业向个人支付的小额零星支出无需发票，可依据收据入账。其中个人指对方为依法无须办理税务登记的单位或者从事小额零星经营业务的个人，小额零星支出通常指500元以下的支出。企业向个人取得收款凭证，包含收款人个人姓名、身份证号、支出相关项目、收款金额等相关信息，便可作为凭证进行税前扣除。

8.3.2 专家费用、佣金支出的纳税筹划

专家费用、佣金支出同样是企业“无票支出”的常见表现形式。企业需根据具体支出情况进行具体的纳税筹划。

1. 企业专家费用支出的纳税筹划

古人云：“闻道有先后，术业有专攻。”专业的事情交给专业的人来做，企业在经营中涉及某些专业领域时常常会聘请专家。如高校常常聘请专家做项目评审或预估，消防企业聘请专家做项目安全生产的评审等。企业为专家支付相应的劳务费用，但专家却因身份特殊或因个人开票税务成本太高而无法为企业提供发票。这时，企业可根据不同的情况进行相应的纳税筹划。

（1）企业偶然存在专家费用支出

若企业只是偶然存在专家费用的支出，且专家愿意提供身份信息代开发票，则企业向税局申请办理临时税务登记。

（2）企业长期存在专家费用支出

若企业长期存在专家费用的支出，但专家不愿意提供身份信息代开发票，那么企业通常选择采用项目外包的方式进行纳税筹划。企业采用项目外包的方式，将劳务关系转化为与第三方服务中心的商务合作关系，因此可由第三方服务中心开票给企业。由于服务中心的性质属于个体性质，因此采用核定征收，其自身是无需解决成本发票的问题的，税率最低至0.5%，降低了企业赋税。

2．企业佣金支出的纳税筹划

企业的佣金支出即佣金手续费，常见的表现形式为代办费、介绍费、居间费、推荐费以及经济服务费。企业佣金支出的纳税筹划仍然可以通过专家费的纳税筹划方式进行处理，所不同的是，企业需关注佣金支出的比例。

根据《财政部 国家税务总局关于企业手续费及佣金支出税前扣除政策的通知》（财税〔2009〕29号）中的相关规定，企业支付佣金的税前扣除比例按照所签订服务协议或者合同确认的收入金额的5%计算限额。保险企业例外，保险企业的佣金比例则按照18%扣除。也就是说，当企业支付的佣金高于所签订服务协议或者合同确认的收入金额的5%时，即使利用上述筹划方法取得了发票则需要做企业所得税调增，而不能在企业所得税税前抵扣。因此，对于企业佣金或介绍费支出金额较大时，又无法对个人取得发票时，也可以通过自然人成立个体工商户来进行纳税筹划。

例如，老王开了一家公司，朋友老李利用自己的人脉关系为老王介绍了一笔 1000 万的业务，成交后老王给老李 100 万元的介绍费。但因为老李是个人，无法对老王开具发票，由此便造成老王企业利润虚高，多承担 25 万元的企业所得税。其实，可以让老李成立个体户，与老王公司签订合同，承包公司服务，如市场推广业务，这样 100 万元的费用打入工商户，便可以给老王公司开具发票，企业“无票支出”的问题便得到了解决。另外，老李对于这 100 万元也只需承担 0.95 万元的个税。

8.3.3 临时人员劳务支出的纳税筹划

企业经营中涉及的建筑、家政、外卖、快递等行业普遍存在临时用工的情况，对于相关企业来说，临时人员的劳务支出也是企业经营成本中的重要组成部分。对于与企业无劳动合同关系的临时人员的劳务支出，若企业没有取得劳务支出的发票而增加了企业的税收成本，从而减少企业的利润。因此对于相关企业来说，对临时人员的劳务支出进行纳税筹划尤为重要。这时，可根据临时人员劳务支出的无票金额具体做纳税筹划。

1. 临时人员的劳务支出不超过 800 元

利用劳务报酬的个税起征点为 800 元的相关规定做纳税筹划。若临时人员的劳务支出不超过 800 元，则可由个人申请代开发票。根据相关规定，劳务报酬的个税起征点为 800 元，若临时人员的劳务支出不超过 800 元，则申请代开发票无需缴纳个人所得税。

2. 利用税收洼地设立新的劳务外包公司

临时人员劳务支出的纳税筹划原理，是通过新设立的劳务外包公司为企业提供专用发票并利用税收洼地的优惠政策来降低企业的赋税。

企业可以将企业中的劳务服务、生产线管理等相关业务独立出来，并选择接受此业务的税收洼地成立新的劳务外包公司。新的劳务外包公司向企业提供劳务服务，由此便可以向企业提供增值税专用发票，由企业进行抵扣增值税与企业所得税。同时新设立的劳务服务公司在当地缴纳了相应税收便可以享受税收洼地的税收返还比例，通过财政奖励的形式返还。若新设立的企业满足增值税和所得税以地方留存的 50%～90% 的条件还可以享受企业扶持奖励，由此大大降低了企业赋税。

此过程中需要特别注意的是，不同的税收洼地允许设立的企业类型不同，因此在选择税收洼地注册新公司时，需选择接受此业务的税收洼地。

8.3.4 个人、个体司机运输支出的纳税筹划

大多数企业的业务经营中往往离不开货运物流。随着经济的发展，个人运输业也更加便捷、经济。因此，选择委托个体司机进行货运运输成为老板经营货物运输的主流方式。同样，在此过程中，老板虽然享受着个人运输的便捷、经济，但也因无法取得成本票而烦恼。因此，企业如何对个体司机运输支出进行纳税筹划是企业降低经营成本的必修课程，对于个体司机的运输支出的纳税筹划方式主要有以下 3 种。

1. 通过税务局代开发票

对于企业支付的非小额支出，超过起征点范围的，可由税务局代开发票取得税前扣除凭证。随着税务发票管理电子化，很多地区个人可以通过税务平台公众号代开发票，这样也为企业获得成本票提供了更大的便捷。开票时需申请代开经营所得而非劳务所得，因为经营所得可以核定至 0.5%，所缴纳的所得税相应也会低，但如果代开为劳务所得，则适用 20% 税率的个人所得税，则需缴纳较高的所得税。

2. 个体司机成立个体工商户

个体司机设立个体工商户，自行开具专票。个体司机需将纳税主体登记为小规模纳税人，在一定条件下可享受一定的税收优惠，如登记为小规模纳税人的，月销售额不超过 10 万元的可免征增值税。主要开票时需申请经营所得，一般情况下申请核定征收，适用

较低的税率，更加节税。

3. 由灵活用工平台代开发票

企业可以通过灵活用工平台代开发票。由公司发起任务，灵活用工平台将其派给个体司机，由司机通过平台开票。开票付款方是企业，提供经营方为司机。

例如，个体司机通过某货运平台小程序注册登记为平台会员。企业可在该货运平台中指派任务，指定该司机承运，最终获得企业成本票，便可进行入账。

值得注意的是，代开发票时应申请经营所得而非劳务所得。

【税筹实战练习】

结合自己企业的业务特点，通过以上纳税筹划思路，为自己企业设计一份纳税筹划方案，以解决企业经营中的“无票支出”问题。

第 9 章
不同企业形式，纳税差别这么大

餐饮企业、建筑施工企业、跨境电商（企业）是国内重要的企业类型。不同的企业形式，适用的税收政策并不一样。本章通过上述 3 种企业类型，手把手教你如何进行纳税筹划，学以致用。

9.1 餐饮企业的纳税筹划：多样化，复杂化

“民以食为天”，中国餐饮企业的市场规模大、收入贡献大。餐饮企业对于纳税筹划的需求日益显著。好的纳税筹划能为餐饮企业提高竞争力，使其在激烈的竞争中立于不败之地。

9.1.1 何为餐饮企业

我们将从餐饮企业的类型、特点以及需缴纳的税收 3 个方面深入了解餐饮企业。

1. 餐饮企业的类型

餐饮企业是指以经营餐饮服务为主的企业，包括以餐饮为主的酒店、宾馆、纯餐饮酒楼、专业餐饮会所、快餐、小吃店等餐饮经营形式。根据企业主营业务，主要可以分为以下 4 类。

（1）旅游饭店

旅游饭店是指以旅游接待设施为依托，通过向旅游者及所在社

区提供住宿、餐饮、娱乐等综合服务来实现经济效益和社会效益的企业。其具体表现形式为宾馆、酒店、旅馆、旅社、宾舍、度假村、俱乐部、大厦、中心等。根据通俗习惯来看，在我国，价格相对较低廉的住宿业，被称为社会旅馆，而一般由国家旅游局授权挂牌的星级饭店，统称为旅游饭店。

(2) 快餐业

快餐企业是指为大众预先做好，能够即时提供给顾客食物的企业。快常见的快餐食物如汉堡、便当，通常由食品工厂生产或大中型餐饮企业加工。由于快餐具有价格合理、方便、省时、大众化的特点，能基本满足大众的饮食需求。

(3) 餐厅（中餐、西餐）

餐厅是指在一定场所，公开地对一般大众提供食品、饮料等餐饮的设施或公共餐饮屋。根据不同的功能可分为多功能餐厅、宴会厅、风味小吃厅、西餐厅、歌舞餐厅等。

(4) 冷饮业

冷饮料类企业提供的食品主要包括冰激凌、雪糕、汽水、果汁、自制冷饮等。

2. 餐饮企业的特点

餐饮企业主要具备以下 3 个特点。

(1) 直接性

餐饮品与其他工农产品不同，它的生产、销售、消费基本是同步完成，且这一系列服务过程都是生产者与消费者当面完成。

（2）无形性

餐饮行业的服务效用具有无形性，消费者不能直接从产品的外观上判断质量的好坏。效用的无形性具体表现在，将消费者亲临体验获得服务的感受作为评价好坏的依据，以感受的好坏影响评价结果。

（3）一次性

餐饮服务不像其他工农产品可多次重复使用，它具有一次性的特点。服务具有当场性与方面性，当消费者进入相关场地后服务开始，离开时服务便结束。

3. 餐饮企业涉及的相关税收

餐饮企业涉及的税收主要为增值税、所得税、城市维护建设税、教育附加、房产税、印花税。

9.1.2 采购过程中的纳税筹划

几乎所有餐饮企业的老板都面临这样一个问题：企业购买肉、菜等食材原材料时往往无法取得发票。众所周知，农产品食材为餐饮企业经营的主要原材料，而其供应者大多为菜市场小商贩，因此食材采购支出无票是餐饮老板面临的主要税收困境。

2021 年 5 月，江苏泰州一家企业因为买菜没票被税务局罚款 80 多万元，这家餐饮企业专门承包厂矿公司食堂，数量达 300 多家。该企业确实存在相关采购支出，但却无法取得发票做账。

由此可见，餐饮企业在采购过程中进行纳税筹划，解决税收无票的是企业税收风险管理的重中之重。

那么，餐饮企业在采购过程中如何进行纳税筹划才能合法规避税收风险呢？若老板在某地区开设一家餐饮企业，且认识同地区很多餐饮企业的老板，则可以组成一支团队去寻找该地区的蔬菜种植基地、养殖基地，并合伙在该地区共同成立一家种植公司或养殖公司，自己种植蔬菜或养殖。若企业无法自己种植，则可让企业之前的采购上游进驻。

我国相关政策表明，对于自产自销农产品的企业免征增值税与所得税。因此，餐饮企业的老板便可以根据实际支出自行抵扣进项税与成本，以此解决餐饮企业采购支出无票的难题。若餐饮企业的老板在某地区设立了连锁公司，则可以依据此筹划方法自行设立种植公司或养殖公司。

9.1.3 利用员工身份进行纳税筹划

企业可通过利用《财政部 税务总局 人力资源社会保障部 国务院扶贫办关于进一步支持和促进重点群体创业就业有关税收政策的通知》（财税〔2019〕22号）的政策：招用下岗员工作为企业的员工，进行纳税筹划。根据相关规定，企业与下岗员工签订1年以上期限的劳动合同并依法缴纳社会保险费的，自签订劳动合同并缴纳社会保险当月起，在 3 年内按实际招用人数予以定额依次扣减增值税、城市维护建设税、教育费附加、地方教育附加和企业所得税优惠，定额标准为每人每年 6000 元。

例如，A 企业为个人独资企业性质的餐馆，在 2020 年招收了 20 名员工，且该企业在 2020 年度的销售额为 400 万元，属于增值税小规模纳税人，各项可扣除的费用为 80 万元。

在这种情况下，企业需缴纳增值税：400 × 3%=12（万元）。

应缴纳城市维护建设税、教育费附加和地方教育费附加：12 ×（7%+3%+2%）=1.44（万元）。

若企业将招收的一般员工转化为下岗失业人员，则可以抵扣：20 × 6000=12（万元），该 12 万元便可以与增值税进行抵扣，即节税 6 万元（城市维护建设税、教育费附加和地方教育费附加仍需缴纳）。

因此，餐饮企业在招收员工时可考虑选择下岗失业人员，便可节税。

【税筹实战练习】

结合之前所学，你认为餐饮企业还可以利用哪些思路进行纳税筹划？

9.2 建筑施工企业的纳税筹划：流动越强，筹划越重

建筑施工企业的老板常常面临这样一个问题：好不容易完成一个项目，但最终计算税金时才发现并没有多少利润。成本开支巨大是从事建筑施工企业的老板苦恼的问题。老板面临劳务、采购环节以及工程分包中的巨大成本支出。因此，建筑施工企业的纳税筹划显得尤为重要。

9.2.1 何为建筑施工企业

建筑施工企业工程项目的承接形式不一样，如包工包料、清包工、甲供等不同的形式，在税收缴纳中具有差异。建筑施工企业具体的表现形式及特点决定了建筑施工企业纳税筹划的方向及重点。因此，认识建筑施工行业是开展纳税筹划的前提。

1. 建筑施工企业的定义及表现形式

建筑施工企业是指从事房屋、构筑物和设备安装生产活动的

独立生产经营单位，一般分为建筑安装企业和自营施工单位两种形式。

（1）建筑安装企业

建筑安装企业亦称为“建筑企业”“施工企业”。建筑安装企业在行政上有独立组织形式和固定人员，实行独立经营核算自负盈亏的生产单位。如建筑总公司、建设公司、工程公司、工程局等。

（2）自营施工单位

自营施工单位附属于现有生产企业、事业内部或行政单位，为建造和修理本单位固定资产而自行组织的，需同时具备对内独立核算、有固定组织和施工队伍、全年施工在半年以上的条件。

2. 建筑施工企业的相关资质

由于建筑工程专业性强、造价高，且其质量问题往往涉及公共安全等领域，因此，国家对于建筑业企业资质有着特殊从业资格要求。

（1）建筑施工企业的资质分类与分级

根据《建筑业企业资质管理规定》《建筑业企业资质标准》分为三大类，如表 9-1 所示。

表 9-1　建筑业企业资质分类及相关资质分级

建筑业企业资质分类	相关资质分级
施工总承包资质	按照工程性质和技术特点分为特级资质、一级资质、二级资质、三级资质
专业承包资质	专业承包资质按照工程性质和技术特点分别划分为若干资质类别，比如公路、水运、水利、铁路、民航等专业，各专业项下按照规定的条件划分为若干资质等级，比如民航专业承包一级资质、民航专业承包二级资质、民航专业承包三级资质
施工劳务资质	施工劳务资质不分类别与等级

（2）建筑施工企业资质的等级标准

施工总承包资质一般指房屋建筑工程施工总承包企业资质等级标准，专业承包资质一般指钢结构工程专业承包企业资质等级标准。资质标准由高到低分别为特级资质、一级资质、二级资质、三级资质。资质标准要求越高，即对企业的相关资信能力、管理人员、科技水平、代表工程业绩等方面的要求就越高。

施工总承包特级资质的等级标准（2007 年建筑业企业资质等级），如表 9-2 所示。

表 9-2　施工总承包特级资质的等级标准

<table>
<tr><td rowspan="18">特级资质标准</td><td rowspan="4">企业资信能力</td><td>企业注册资本金 3 亿元以上</td></tr>
<tr><td>企业净资产 3.6 亿元以上</td></tr>
<tr><td>企业近三年上缴建筑业营业税均在 5000 万元以上</td></tr>
<tr><td>企业银行授信额度近三年均在 5 亿元以上</td></tr>
<tr><td rowspan="4">管理人员要求</td><td>企业经理具有 10 年以上从事工程管理工作经历</td></tr>
<tr><td>技术负责人具有 15 年以上从事工程技术管理工作经历，且具有工程序列高级职称及一级注册建造师或注册工程师执业资格；主持完成过两项及以上施工总承包一级资质要求的代表工程的技术工作或甲级设计资质要求的代表工程或合同额 2 亿元以上的工程总承包项目</td></tr>
<tr><td>财务负责人具有高级会计师职称及注册会计师资格</td></tr>
<tr><td>企业具有本类别相关的行业工程设计甲级资质标准要求的专业技术人员</td></tr>
<tr><td rowspan="5">科技进步水平</td><td>企业具有省部级（或相当于省部级水平）及以上的企业技术中心</td></tr>
<tr><td>企业近三年科技活动经费支出平均达到营业额的 0.5% 以上</td></tr>
<tr><td>企业具有国家级工法 3 项以上；近五年具有与工程建设相关的，能够推动企业技术进步的专利 3 项以上，累计有效专利 8 项以上，其中至少有一项发明专利</td></tr>
<tr><td>企业近十年获得过国家级科技进步奖项或主编过工程建设国家或行业标准</td></tr>
<tr><td>企业已建立内部局域网或管理信息平台，实现了内部办公、信息发布、数据交换的网络化；已建立并开通了企业外部网站；使用了综合项目管理信息系统和人事管理系统、工程设计相关软件，实现了档案管理和设计文档管理</td></tr>
<tr><td colspan="3"></td></tr>
</table>

<table>
<tr><td>特级资质标准</td><td>代表工程业绩</td><td>近 5 年承担过下列 5 项工程总承包或施工总承包项目中的 3 项，工程质量合格。
高度 100 米以上的建筑物；
28 层以上的房屋建筑工程；
单体建筑面积 5 万平方米以上房屋建筑工程；
钢筋混凝土结构单跨 30 米以上的建筑工程或钢结构单跨 36 米以上房屋建筑工程；
单项建安合同额 2 亿元以上的房屋建筑工程</td></tr>
</table>

2020 年 12 月 2 日，住建部发布了《关于印发建设工程企业资质管理制度改革方案的通知》，将企业资质标准做出新的规定，设置过渡期为一年，期满后按照新旧资质对应关系直接换证，不再重新核定。改革后总体框架不变，将施工资质分为综合资质、总承包资质、专业承包资质和专业作业资质。施工总承包特级资质调整为施工综合资质，资质等级加甲、乙两级，原一级资质为甲级，其他资质为乙级。

3．建筑施工行业的特点

建筑施工行业具有以下显著特点：

①长期多地跨区作业，常常建筑服务发生地与机构所在地不一致。

②项目周期长、建筑施工项目工程量大、涉及工程种类范围广、技术复杂。

③与其他相关行业关联性强、从业人员多、流动性较大。

④涉及项目多、资金量大、成本开支巨大、企业资产负债率高。

⑤市场竞争激烈。

⑥易受宏观政策的影响。

9.2.2 建筑施工企业的相关税收政策

由于建筑行业自身所具备的特性以及“营改增”后建筑施工业的税收政策变化，适用于建筑施工企业的相关税收政策主要有以下几点。

1. 提供建筑服务的一般纳税人可选择适用简易计税法

(1) 一般纳税人简易计税法的适用条件

提供建筑服务的一般纳税人在以下 3 种情况下可以选择适用简易计税方法。其政策依据及具体条件，如表 9-3 所示。

表 9-3 提供建筑服务的一般纳税人可以选择适用简易计税方法的适用条件、相关释义及政策依据

纳税主体	适用简易计税方法的条件	相关释义	政策依据
提供建筑服务的一般纳税人	以清包工方式提供建筑服务	指不采购建筑工程所需的材料或只采购辅助材料	《财政部 国家税务总局关于全面推开营业税改征增值税试点的通知》(财税〔2016〕36 号) 附件 2《营业税改征增值税试点有关事项的规定》
	为甲供工程提供的建筑服务	指全部或部分设备、材料、动力由承包项目的发包方自行采购的建筑工程	
	为建筑工程老项目提供的建筑服务	《建筑工程施工许可证》注明的合同开工日期在 2016 年 4 月 30 日前的建筑工程项目	
		未取得《建筑工程施工许可证》的，建筑工程承包合同注明的开工日期在 2016 年 4 月 30 日前的建筑工程项目	

其中发包方是指以企业所有权代表的身份参与承包经营活动的一方，即承包项目的甲方。

2. 跨县（市、区）提供建筑服务的纳税人的相关税收政策

因建筑施工行业具备的常跨地区作业的特性，所以对于跨县（市、区）提供建筑服务的纳税人也做出相关规定。

其政策依据为《纳税人跨县（市、区）提供建筑服务增值税征收管理暂行办法》的公告（国家税务总局公告2016年第17号），如图9-1所示。

国家税务总局关于发布《纳税人跨县（市、区）提供建筑服务增值税征收管理暂行办法》的公告

国家税务总局公告2016年第17号

全文有效　成文日期:2016-3-31

图9-1 《纳税人跨县（市、区）提供建筑服务增值税征收管理暂行办法》的公告（国家税务总局公告2016年第17号）

该政策的适用范围为单位和个体工商户，不适用于其他个人。

（1）跨县（市、区）提供建筑服务的纳税人的预缴、申报地

纳税人跨县（市、区）提供建筑服务，向建筑服务发生地主管税务机关预缴税款，向机构所在地主管税务机关申报纳税。其中所称跨县（市、区）提供建筑服务，是指单位和个体工商户（以下简称纳税人）在其机构所在地以外的县（市、区）提供建筑服务。纳税人在同一直辖市、计划单列市范围内跨县（市、区）提供建筑服

务的，由直辖市、计划单列市税务局决定是否适用本办法。

（2）纳税人跨县（市、区）提供建筑服务预缴税款的计算方式

纳税人跨县（市、区）提供建筑服务预缴税款的计算方式，如表 9-4 所示。

表 9-4　纳税人跨县（市、区）提供建筑服务预缴税款的计算方式

纳税主体	适用计税方法	具体规定	计算方法
一般纳税人跨县（市、区）提供建筑服务	适用一般计税方法计税的	以取得的全部价款和价外费用扣除支付的分包款后的余额，按照 2% 的预征率计算应预缴税款	应预缴税款 =（全部价款和价外费用－支付的分包款）/(1+11%) × 2%
	选择适用简易计税方法计税的	以取得的全部价款和价外费用扣除支付的分包款后的余额，按照 3% 的征收率计算应预缴税款	应预缴税款 =（全部价款和价外费用－支付的分包款）/(1+3%) × 3%
小规模纳税人跨县（市、区）提供建筑服务		以取得的全部价款和价外费用扣除支付的分包款后的余额，按照 3% 的征收率计算应预缴税款。	应预缴税款 =（全部价款和价外费用－支付的分包款）/(1+3%) × 3%

若纳税人取得的全部价款和价外费用扣除支付的分包款后的余额为负数的，可结转下次预缴税款时继续扣除。纳税人应按照工程

项目分别计算应预缴税款，分别预缴。

（3）分包款的扣除支付凭证

从取得的全部价款和价外费用中扣除支付的分包款，需取得符合法律、行政法规和国家税务总局规定的合法有效凭证，否则不得扣除。其中可扣除的凭证，如表9-5所示。

表9-5　可扣除分包款的支付凭证

可扣除分包款的支付凭证	在从分包方取得的2016年4月30日前开具的建筑业营业税发票（在2016年6月30日前可作为预缴税款的扣除凭证）
	从分包方取得的2016年5月1日后开具的，备注栏注明建筑服务发生地所在县（市、区）、项目名称的增值税发票
	国家税务总局规定的其他凭证

（4）预缴增值税税款的抵减

纳税人跨县（市、区）提供建筑服务，向建筑服务发生地主管税务机关预缴的增值税税款，可以在当期增值税应纳税额中抵减，抵减不完的，结转下期继续抵减。纳税人以预缴税款抵减应纳税额，应以完税凭证作为合法有效凭证。

9.2.3 材料采购环节的纳税筹划

原材料的采购是建筑施工企业成本支出的重要组成部分。建筑施工企业在原材料采购中涉及的种类多、数量大，采购支出成本高，因此做好原材料采购环节的纳税筹划，是建筑施工企业的必修课。在原材料采购环节进行纳税筹划有以下基本思路。

1. 优选材料供应商

尽量选择不享受免征增值税的供应商。免征增值税的供应商因无法开具免税项目的增值税专用发票而使得建筑施工企业无法实现抵扣，享受税收递延的作用，进而增加了企业的经营成本。因此，建筑施工企业在采购环节中需尽量选择不享受免征增值税的供应商，若因为质量标准、特殊指定或其他原因必须选择免税供应商采购原材料，则企业需与供应商议价，寻求更低的价格来弥补企业无法抵扣的进项税额而增加的经营成本。

2. 混凝土的采购

混凝土的直接采购变为自行购置水泥连同委托商品混凝土加工企业生产加工的方式。在建筑施工业中企业采购以水泥为主要原料的混凝土，可选择自己直接采购水泥，适用较高的税率，然后委托商品混凝土加工企业加工获取混凝土，企业赋税更低。

例如，A 企业拟采购一定数量的混凝土，已知混凝土的价格为 500 元 /m^3（含税），(其中水泥为 290 元，其他费用为 210 元）开具适用增值税税率 3% 的专用发票。

以混凝土的单位数量计算。直接采购混凝土，商品混凝土的不含税成本：500/（1+3%）=485.44（元），应缴纳增值税额：

485.44×3%=14.56（元）。

A企业自己购买水泥，然后委托商品混凝土加工企业加工取得混凝土（水泥适用13%的增值税税率，并取得发票）。

水泥260元，此时水泥的不含税成本：290/（1+13%）=256.64（元），税额：256.64×13%=33.36（元）。

其他不含税加工费用：210/1.03=203.88（元），税额：203.38×13%=26.44（元）。

商品混凝土的不含税成本：256.64+203.88=460.52（元）。

税额：33.36+26.44=59.8（元）。

因此，第二种方式比第一种方式节省成本（不含税）：485.44−460.52=24.92（元）。

可抵扣税额增加：59.8−14.56=45.24（元）。

3. 砂石料的采购方式

由于建筑施工类企业在材料采购中经常面临大量成本支出无法取得发票的情况，即“无票支出”的情况，此时企业在采购中可以成立个人独资企业，将企业的采购环节业务转包给个人独资企业并获取开具成本发票，这样企业的“无票支出”问题便得以解决，如常见的砂石料采购，其他环节中若面临“无票支出”的情况也可以灵活运用此筹划思路。

4. “甲供材料”的采购方式

若建筑企业作为承包方，则对于其中的“甲供材料”部分需进行如下筹划。

在建筑企业与甲方单位签订合同时需根据相关法律要求完成相关合同条款。与甲方单位明确其中涉及的“甲供材料”款，应以建筑施工企业的名义与销货方签订采购合同。具体方式如下：

①由甲方指定采购单位，建筑企业直接从其指定采购方中进行采购，开具发票给建筑施工企业，即付款方为建筑施工企业；

②建筑企业、甲方及供应商签订三方协议，即建筑企业委托甲方采购并支付货款，供应商直接将增值税发票开具给建筑企业。

通过以上方式，均可以将甲供材料中的成本部分取得发票，进行抵扣。

9.2.4 专业工程分包的纳税筹划

专业工程分包中，可以通过以下几种筹划思路。

1. 分包商（一般纳税人）可选简易计税法

若在“清包工程”“甲供工程”“老项目工程”模式下，提供建筑服务的分包商（一般纳税人）可选择简易计税法。若选择一般计税方法，则可以获取增值税专用发票进行抵扣，若选择简易计税法则适用较低税率，因此，在此情况下，需综合核算两种情况下的赋税情况，选择企业赋税最轻的方式。大多数情况下，分包商选择适用简易计税方法企业赋税更低。

例如，A 安装公司（一般纳税人）主要以清包工的方式提供装修服务，年销售额为2600万元（含税），适用税率增值税税率9%，全年进项税额为40万元。

选择一般计税方法，A企业需缴纳增值税：2600/（1+9%）×9%−40=174.68（万元）。

选择简易计税方法，A企业需缴纳增值税：2600/（1+3%）×3%=75.73（万元）。

因此，A企业选择简易计税方法节税：174.68−75.73=98.95（万元）。

例如，B安装公司（一般纳税人）主要通过甲供工程的方式提供建筑服务，年销售额为2200万元（含税），适用税率9%。全年进项税额为50万元。B企业在哪种计税方式下企业赋税更低？

选择一般计税方法，B企业需缴纳增值税：2200/（1+9%）×9%−50=131.65（万元）。

选择简易计税方法，B企业需缴纳增值税：2200/（1+3%）×3%=64.08（万元）。

因此，B企业选择简易计税方法可节税：131.65−64.08=67.57（万元）。

例如，C建筑公司（一般纳税人）拟为一项建筑工程老项目提供建筑服务，销售额为1200万元（适用税率9%），预计能够取得进项税额约26万元。

采用一般计税方法，C企业需缴纳增值税：1200/（1+9%）

×9%−26=73.08（万元）。

采用简易计税方法，C企业需缴纳增值税：1200/（1+3%）×3%=34.95（万元）。

C企业采用简易计税方法可节税：73.08−34.95=38.13（万元）。

2. 各业务类型切块分包

各业务类型切包模式下，企业可以通过按主购材料、机械租赁等各部分分别签订合同，取得不同税率的增值税专用发票，增加进项税额的抵扣。

9.2.5 劳务成本的纳税筹划

由于建筑行业关联多，从业人员多，人员的流动性大，劳务成本也是建筑施工类企业的重要组成部分。因此，企业对劳务支出进行纳税筹划显得尤为重要。对劳务成本进行纳税筹划的思路主要体现在以下两个方面。

1. 合理运用相关税收优惠条件

充分运用国家对于重点特殊人群就业创业的税收优化政策，享受增值税的税收优惠，即与餐饮行业中劳务成本的筹划方式一样。

2. 采用劳务派遣的方式

建筑施工企业通过劳务派遣的方式根据企业用人需求进行人力调配。劳务款付给劳务公司，劳务公司给建筑企业开具发票，由劳务公司给工人发放工资，具备以下优点：

①解决企业回避为劳务工购买社保的税收风险；

②减少了为工人代扣所得税的成本；

③解决了建筑施工类企业长期的劳务成本支出无票的状况。

建筑施工企业选择运用劳务派遣的方式，解决了企业用工上的税收难题。

【税筹实战练习】

A建筑施工企业承接一项目，既存在一般计税方法下的工程项目（预计产值900万元），也有简易计税方法下的工程项目（同时开工，预计产值100万元），建筑施工企业采购物料在施工中由两个项目共同使用，且财务在取得物料采购发票后已经全额进行了抵扣。讨论该企业在该种经营下需要注意的税务风险，并提出解决方案。

答：财务将物料支出的发票做了全额抵扣，需注意在适用简易计税方法的项目（不能进行进项税额抵扣）取得该部分物料时需进行区分，做进项税额的转出。以防未做区分使得适用简易计税方法的项目未做进项税额转出，产生税务风险。若无法区分，则可以根据比例扣除，即在该案例中，简易计税方法下的项目占整个项目的10%，用进项税额×10%，进行扣除。

9.3 跨境电商（企业）的纳税筹划："走出去"也要保护好自己

随着互联网的迅猛发展，越来越多的人选择了跨境电商（企业），成为跨境电商（企业）的老板。跨境电商处于时代发展的风口，在日益发展的同时也暴露了一系列税务问题。国际国内为优化营商环境加强了对税收的监管，同时国家也出台了相关的税收优惠政策，鼓励跨境电商（企业）的发展。跨境电商（企业）在机遇与挑战中该如何规避税收风险，最大限度地享受税收优惠呢？

9.3.1 何为跨境电商（企业）

我们依然从相关概念、模式以及税收方面认识跨境电商。

1. 跨境电商的相关概念

跨境电商通常是指分属不同关境的交易主体，通过电子商务平台达成交易、进行支付结算，并通过跨境物流送达商品、完成交易的电子商务和在线交易平台；也可理解为从事跨境电商交易的企业（在本书中，我们只讨论我国境内的跨境电商）。

与境内电商一样，跨境电商主要分为三种类型：B2B、B2C、C2C。

B2B 是指企业与企业之间通过专用网络或 Internet，进行数据信息的交换、传递，开展交易活动的商业模式。通俗地讲，B2B 商业模式下，电子商务交易双方都是商家（企业、公司）。

B2C 是指直接面向消费者消费产品或提供服务的商业模式。

C2C 指个人对个人，指为个人间提供电子商务平台，如“咸鱼”就是采用的 C2C 模式。

其中 B2B 是一般跨境贸易，B2C 与 C2C 为跨境零售。

跨境电商分为进口和出口两个模式。值得注意的是，中华人民共和国海关总署（以下简称海关总署）对于跨境电商有相关定义，即监管方式代码，只有符合海关总署条件，跨境电商的监管方式才是被认可的，也才能享受海关总署规定的政策红利。

目前，跨境电商的进口模式分为保税进口和直购进口。跨境电商的出口模式分为一般出口、保税出口、出口海外仓和 B2B 直接出口。只有以上这几种监管方式才能享受海关总署对于跨境电商的政策红利。

其中“保税”是指，经海关批准的境内企业所进口的货物，在海关监管下在境内指定的场所储存、加工、装配，并暂缓缴纳各种进口税费的一种海关监管业务制度。由于国家鼓励出口，因此大部分商品在出口时免征关税。

保税进口，即“先备货后接单”，指国外商品整批抵达国内海关监管场所和保税监管场所，如保税港区等，消费者下单后，商品从保税区直接发出，在海关、国检等监管部门的监管下实现快速通关，能在几天内配送到消费者手中。

直购进口，即“先下单后发货”，指国内消费者在跨境电商网站订购境外商品，企业即将电子订单、支付凭证、电子运单等实时传输给海关，随后在海外将商品打包，以海运、空运、邮运等方式直接运输进境，通过电商服务平台和海关通关管理系统对订单、支付、运单等信息申报，并按税率缴纳关税，实现快速通关。

一般出口即字面含义，跨境电商的一般出口即传统跨境出口的新方式。

B2B 直接出口是一般出口的主要模式。

保税出口，则是将未缴税的进口货物存放后再复运出口。

2. 跨境电商涉及的税种及税收政策

跨境电商涉及的税收种类为跨境电商综合税与行邮税。跨境电商综合税包括增值税、消费税、关税。行邮税包括增值税与消费税。跨境电商进口与出口需缴纳的税，如表 9-6 所示。

表 9-6　跨境电商进口与出口需缴纳的税

<table>
<tr><th>跨境电商进口需缴纳的税</th><th>跨境电商出口需缴纳的税</th></tr>
<tr><td>进口关税：进口商品在通过其他国家关境缴纳的税收</td><td>欧盟成员国进口欧盟以外的物品缴纳 0% 到 25% 的关税</td></tr>
<tr><td>行邮税：行李和邮递物品通过国家关境缴纳的税收</td><td>进口增值税：进口增值税通常是一种可以退的税</td></tr>
<tr><td>增值税：我国规定的进口物品增值税为 13% 和 9%</td><td rowspan="2">增值税，简称 VAT，是商品或服务在流转过程中产生的增值额作为计税依据而征收的一种税</td></tr>
<tr><td>消费税：针对奢侈品、高能消耗品、不可再生消费品、对身体有危害的消费品征收消费税</td></tr>
</table>

因国家高度重视、鼓励跨境电商的发展，便出台了相关的优惠政策。因此，跨境电商可享受巨大的税收优惠红利。

（1）提高跨境电子商务零售进口商品的单次限值

根据《财政部　海关总署　税务总局关于完善跨境电子商务零售进口税收政策的通知》（财关税〔2018〕49 号）、海关总署公告 2018 年第 194 号（关于跨境电子商务零售进出口商品有关监管事宜的公告）及相关政策，将跨境电子商务零售进口商品的单次交易限值由人民币 2000 元提高至 5000 元，年度交易限值由人民币 20000 元提高至 26000 元。在限值以内进口的跨境电子商务零售进口商品，关税税率暂设为 0%；进口环节增值税、消费税按法定应纳税额的 70% 征收。

（2）调整进口商品清单，增加商品种类

根据《财政部 发展改革委 工业和信息化部 生态环境部 农业农村部 商务部 人民银行 海关总署 税务总局 市场监管总局 药监局 密码局 濒管办关于调整跨境电商零售进口商品清单的公告》（财政部公告 2018 年第 157 号），新增进口商品种类，包括麦芽啤酒、蒸汽眼罩等国内具有强劲需求的国外商品。

（3）调降进境物品税率

根据《国务院关税税则委员会关于调整进境物品进口税有关问题的通知》（税委会〔2019〕17 号），调整了进境物品的进口税。调整后的进境物品税率表，如表 9-7 所示。

表 9-7 中华人民共和国进境物品进口税率表

税目序号	物品名称	税率（%）
1	书报、刊物、教育用影视资料；计算机、视频摄录一体机、数字照相机等信息技术产品；食品、饮料；金银；家具；玩具，游戏品、节日或其他娱乐用品；药品	13
2	运动用品（不含高尔夫球及球具）、钓鱼用品；纺织品及其制成品；电视摄像机及其他电器用具；自行车；税目 1、3 中未包含的其他商品	20
3	烟、酒；贵重首饰及珠宝玉石；高尔夫球及球具；高档手表；高档化妆品	50

根据《财政部 国家税务总局关于跨境电子商务零售出口税收政策的通知》（财税〔2013〕96号）及相关政策规定，跨境出口可申请退税。需满足以下4个条件：

①电子商务出口企业属于增值税一般纳税人并已向主管税务机关办理出口退（免）税资格认定；

②出口货物取得海关出口货物报关单（出口退税专用），且与海关出口货物报关单电子信息一致；

③出口货物在退（免）税申报期截止之日内收回；

④电子商务出口企业属于外贸企业的，购进出口货物取得相应的增值税专用发票、消费税专用缴款书（分割单）或海关进口增值税、消费税专用缴款书，且上述凭证有关内容与出口货物报关单（出口退税专用）有关内容相匹配。

若不符合以上条件，但符合以下3点内容的则可适用增值税、消费税免税政策：

①电子商务出口企业已办理税务登记；

②出口货物取得海关签发的出口货物报关单；

③购进出口货物取得合法有效的进货凭证。

（4）综试区核定征收企业所得税

根据《国家税务总局关于跨境电子商务综合试验区零售出口企业所得税核定征收有关问题的公告》（国家税务总局公告2019年第36号）规定，综试区内的跨境电商（企业），且符合相关条件的，试行核定征收企业所得税办法，应税所得率统一按照 4% 确定。

9.3.2 国内外税收环境分析

近些年来，跨境电商一直处于蓬勃发展的态势，而跨境电商的税务风险也在日益突出。为了规范跨境电商的发展，国家出台了相关政策。但由于全球税收情报共享、金税三期，以及电商法的实施，让跨境电商（企业）在关税、出口退税等财政政策中压力倍增。

1. 跨境电商国内的税收环境

《中华人民共和国海关总署公告 2018 年第 194 号（关于跨境电子商务零售进出口商品有关监管事宜的公告）》加强了对跨境电商进口税收的管理，其中明确从事跨境电商的相关企业需提供三单信息即交易、支付、物流信息，并对其承担相应的责任（包括跨境电子商务平台、跨境电子商务企业境内代理人、支付企业、物流企业，下同）；明确了违规违法行为的处理，如二次销售、涉嫌走私、虚假交易等。同时在通关管理中实施信用等级差异化处理，换言之，跨境电商（企业）的信用等级越高，其通关效率则会越高；反之，则通关效率会越低。

《中华人民共和国电子商务法》在 2019 年 1 月 1 日正式实施，让跨境电商（企业）依法纳税承担法律责任。在系统方面，金税三期的运用，为税务稽查提供了可靠的依据。系统运用大数据对比及分析，一旦发现风险，则会被税务部门列为稽查对象。

2. 跨境电商国外的税收环境

在国际上，全球税收情报交换共享、多边税收征管互助公约出台及统一申报标准等行为，给跨境电商（企业）的发展提出了更高的要求。如目前已有很多国家采用“共同申报准则”（CRS）并与我国成功对接。

9.3.3 跨境电商行业税务风险及纳税筹划

跨境电商行业的税务风险，主要体现在存在多平台结算、财务账务不规范、存在私账收款以及在采购环节无法取得成本票的问题。

由于跨境电商行业本身的特点——交易信息数据化、平台化，再加上国内外税收环境，因此，规范税务行为是跨境电商（企业）必然的选择。

那么，企业应该如何规避税务风险，搭建合理的节税结构呢？

跨境电商（企业）应在企业发展的各个时期做好销售与收款合规、税务合规、货币资金合规。

在企业发展的前期，可以0申报，但不能长期0申报，若长期0申报则与实际情况不符，则有可能被税务稽查认定为隐瞒收入。同时需规范收款，将汇款走对公账户，完善财务统计，包括采购发票、出口退税等。

跨境电商在电商行业比较特殊，因此跨境电商（企业）在节税架构上也存在差异，具体的纳税筹划思路有以下几点。

1. 利用综试区及小微企业的优惠政策

企业可以用现有的主体公司分别控股不同跨境电商平台成立的公司，将各跨境电商平台的公司成立在深圳前海等跨境电商综合试验区内，满足相关条件，则可享受核定征收政策，适用核定征收所得 4% 的税率，企业综合税负 1% 以内。

若为小微企业，综合税负可在 0.4% 以内。因此设立的各跨境平台尽量满足小微企业的相关条件，享受相关优惠政策。

2. 设立个人独资企业

跨境电商（企业）在采购环节中常常因低价采购或其他原因而无法获得成本票，造成企业利润虚高无法抵扣。

因此，各跨境电商平台下可选择再设立个人独资企业，由个人独资企业负责采购等相关业务，向企业开票，由此解决供应商采购环节无票的问题，综合税负在 1% 以内。

3. 将零售出口业务独立拆分，独立核算

由于非零售出口业务不可以核定征收，因此当跨境电商（企业）涉及多项业务范围时，可将零售出口业务单独拆分设立符合规定的小微企业，独立核算，申请进出口退税和免增值税的优惠，同时可将享受小微企业所得税 5%～10% 的优惠政策。

以上纳税筹划方法既可以独立运用，也可以作为一个整体筹划步骤。

【税筹实战练习】

对于目前市场上存在的很多经营模式，如企业先把货物从国外运到国内来，然后通过电商的方式进行销售，这种经营模式是否能享受跨境电商（企业）的税收优惠？

答：需要注意，这种经营模式是不属于跨境电商的定义的，自然无法享受相关优惠。

参考文献

[1] 翟继光．纳税筹划实战 101 例 [M]．北京：电子工业出版社，2020.

[2] 常亚波，樊路清．企业纳税筹划实用方法与案例解析 [M]．北京：人民邮电出版社，2020.

[3] 平准．企业纳税筹划技巧与案例分析 [M]．北京：人民邮电出版社，2021.

[4] 翟继光．新税法下企业纳税筹划．[M]．6 版．北京：电子工业出版社，2019.

[5] 屠建清．新税法下企业财税风险防控与纳税筹划 [M]．北京：人民邮电出版社，2020.

[6] 王桦宇．税务实操管理与风险防控大全 [M]．北京：企业管理出版社，2020.

[7] 刘晓斌．企业纳税筹划指南 [M]．北京．中华工商联合出版社，2019.

[8] 李海鹏．新税法下企业纳税筹划与风险防控 [M]．北京：中国铁道出版社，2020.

[9] 梁小斌 . 企业财税热点解读与纳税筹划 [M] . 上海：立信会计出版社，2020.

[10] 王作君 . 企业税务风险管控与策划：从入门到精通 [M] . 北京：机械工业出版社，2020.